आओ कंप्यूटर सीखें

मनोज सिंह

Gyandeep Prakashan
New Delhi-110030

I.S.B.N. 978-81-88995-65-3

Publisher : Gyandeep Prakashan
689/3, Mehrauli
Near Roopan Wala Kuan,
New Delhi-11003
Price : 225.00
Edition : 2022
Type Set : Naissance Books
Printed at : G.S. Printers, New Delhi

अनुक्रम

अध्याय 1

कंप्यूटर : एक परिचय

यदि हम बीते साठ वर्षों को विज्ञान की क्रांति का युग कहें तो इसमें किसी प्रकार की आपत्ति नहीं होगी। इन 60 वर्षों में मनुष्य चंद्रमा की विशाल ऊँचाइयों तक जा पहुँचा है। ऐसे वायुयान बना डाले हैं जो ध्वनि के वेग से भी तेज उड़ सकते हैं। मनुष्यों की जगह आज के कारखानों में रोबोट (Robot) काम करने लगे हैं। रोगों का पता लगाने के लिए कैटस्कैनर और एन.एम.आर. (N.M.R.) स्कैनर जैसे यंत्र बना लिए हैं, जो शरीर के भीतर झाँककर रोगों का पता लगा लेते हैं।

कंप्यूटर का इन सभी उपलब्धियों में महानतम योगदान रहा है। यदि कंप्यूटर न होता तो विज्ञान में एक क्रांति न आई होती। कुछ वर्ष पूर्व तक कंप्यूटर केवल विज्ञान के कार्यों तक सीमित था, लेकिन आज यह जीवन के अनेक क्षेत्रों में छा गया है। कंप्यूटर के द्वारा ही बन पाये हैं रोबोट और कंप्यूटर के द्वारा ही मानव पहुँच पाया है चंद्रमा पर। कंप्यूटरों से ही रोग निदान की मशीनें बन पायी हैं तथा कंप्यूटरों के द्वारा ही स्वचालित टेलीफोन एक्सचेंज बन पाये हैं।

यातायात के विभिन्न साधन जैसे रेल और हवाई जहाज आज कंप्यूटरों के गुलाम हो गए हैं। बड़ी-बड़ी परीक्षाओं के परिणाम कंप्यूटर ही बनाता है। उपग्रहों का अंतरिक्ष में उड़ना सिर्फ कंप्यूटरों द्वारा ही संभव हो पाया है।

किसी भी चीज का डिजाइन तैयार करना भी कंप्यूटर से पल भर में संभव हो गया है। कंप्यूटर व्यापार की दुनिया में पूरी तरह छा गया है। पुलिस द्वारा अपराधियों का पता लगाने, विज्ञान की समस्याओं को सुलझाने में कंप्यूटर का महत्त्व दिन-प्रतिदिन बढ़ता जा रहा है। जीवन का शायद ही कोई ऐसा क्षेत्र होगा जहाँ कंप्यूटर प्रयोग न किये जा रहे हों। कंप्यूटर हमारे जीवन का अहम हिस्सा बन गया है।

कंप्यूटर क्या है?

कंप्यूटर एक ऐसी स्वचालित इलेक्ट्रानिक मशीन होता है, जो विज्ञान की जटिल से जटिल समस्याओं को तीव्र गति से हल कर सकती है। कंप्यूटर एक समय में बिना गलती किये विभिन्न प्रकार की समस्याओं को तेजी से हल कर सकता है। बिना किसी कठिनाई के यह मशीन बड़ी-बड़ी संख्याओं को जोड़ सकती है, घटा सकती है, गुणा कर सकती है तथा भाग कर सकती है। कंप्यूटर की स्मृति (Memory) में अनेक आँकड़ों को लम्बे समय तक सुरक्षित रखा जा सकता है।

कंप्यूटर एक ऐसी मशीन है जो किसी भी गलती को ठीक कर सकती है। कंप्यूटर अंग्रेजी के किसी भी शब्द की स्पेलिंग को ठीक कर सकता है। यह एक निर्जीव वस्तु होते हुए भी मनुष्य जैसे अनेक कार्य कर सकता है।

कंप्यूटर के भाग

किसी भी कंप्यूटर के तीन भाग होते हैं–

1. इनपुट यूनिट (Input Unit)
2. सेंट्रल प्रोसेसिंग यूनिट (CPU)
3. आउटपुट यूनिट (Output Unit)।

हम कंप्यूटर के इन तीन भागों की मनुष्य से तुलना कर सकते हैं। यह तुलना चित्र 1 में दिखाई गयी है। कंप्यूटर का इनपुट यूनिट वही काम करता है जो मनुष्य की आँखें और हाथ काम करते हैं। कंप्यूटर के CPU को मानव

मस्तिष्क से तौला जा सकता है। मनुष्य के हाथों और मुँह से कंप्यूटर के आउटपुट की तुलना की जा सकती है।

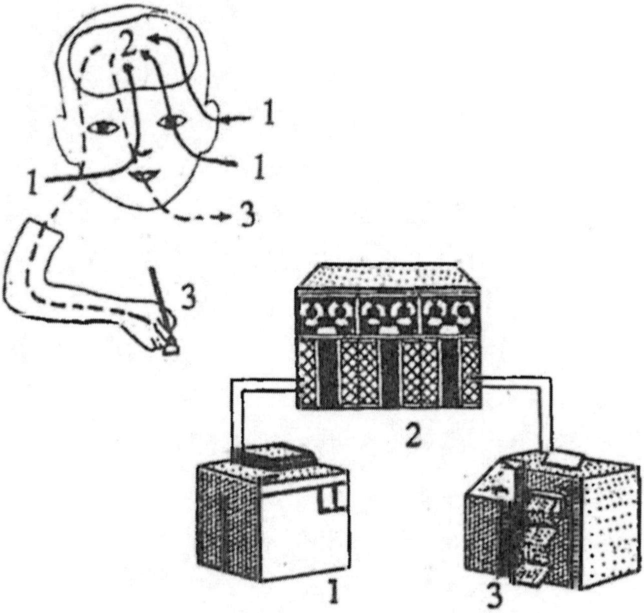

चित्र 1

आँखों से देखकर या कानों से सुनकर जैसे हम कोई काम करने का आदेश मस्तिष्क से प्राप्त करते हैं और हाथ या मुँह मस्तिष्क के संदेश के अनुसार काम करते हैं, ठीक उसी तरह कंप्यूटर भी काम करता है।

कंप्यूटर में आँकड़ों को इनपुट द्वारा भेजा जाता है। CPU उन आँकड़ों का विश्लेषण करता है तथा आउटपुट यूनिट हमें समस्या का परिणाम बतला देती है। कंप्यूटर मानव जैसे बहुत सारे काम कर सकता है, लेकिन अभी कृत्रिम बुद्धि वाले कंप्यूटर नहीं बन पाये हैं।

वैज्ञानिक कृत्रिम बुद्धि वाले कंप्यूटर विकसित करने में लगे हुए हैं। कंप्यूटर एक ऐसी मशीन है, जो वही सब कुछ करता है जो उससे करने के लिए कहा जाता है। वह जटिल से जटिल समस्याओं को आँख झपकते ही हल कर

देता है। किसी भी कंप्यूटर का प्रोग्राम मानव मस्तिष्क को तैयार करना पड़ता है।

यदि हम कंप्यूटर के मस्तिष्क पर विचार करें तो यह कह सकते हैं कि काम करते-करते मानव मस्तिष्क तो थक जाता है परंतु कंप्यूटर थकता नहीं है। एक दूसरी बात यह है कि मानव मस्तिष्क का बौद्धिक स्तर पृथक्-पृथक् हो सकता है, लेकिन कंप्यूटर किसी भी कार्य को एक जैसे तरीके से बार-बार कर सकता है।

कंप्यूटर बार-बार काम करने पर भी थकता नहीं है। अवश्य ही कंप्यूटर मानव मस्तिष्क की तुलना में तीव्र है, परंतु आखिरकार यह मानव मस्तिष्क की उपज है। इसलिए यह मानव मस्तिष्क से बेहतर नहीं हो सकता।

अध्याय 2

कंप्यूटर की उपयोगिता

हम आज जिस तकनीकी युग में जी रहे हैं, उसकी प्रथम शर्त तीव्र गति है। इस गति को पाने में कंप्यूटर-सभ्यता का महत्त्वपूर्ण योगदान है। जिस तरह मानव-सभ्यता पाषाण युग से आधुनिक युग तक सीढ़ी-दर-सीढ़ी कठिनाइयों को पार करते हुए अपने उच्चतर स्थान पर पहुँची है, उसी तरह तकनीकी युग में कंप्यूटर सभ्यता भी अपने उच्चतम स्थान को छू रही है और न जाने अभी कितनी सीढ़ियाँ और चढ़नी बाकी हैं। इस कंप्यूटर ने दैनंदिन जीवन के करीब-करीब हर एक पक्ष को स्पर्श किया है, चाहे वैज्ञानिक अनुसंधान हो या बैंकिंग व्यवस्था, चाहे चिकित्सा शास्त्र हो या बीमा योजनाओं की गणना, चाहे मौसम का पूर्वाभास हो या फिर रेलों में टिकट-आरक्षण—सभी क्षेत्रों में कंप्यूटर का प्रयोग निश्चित रूप से होता है।

कंप्यूटर आज सिर्फ गणना का ही माध्यम नहीं है अपितु सूचना व संप्रेषण का भी सशक्त माध्यम है। इण्टरनेट और ई-मेल जैसी सुविधाएं इसका प्रत्यक्ष उदाहरण हैं।

लैटिन शब्द COMPUTARE से 'कंप्यूटर' शब्द की उत्पत्ति हुई है। जिस का अर्थ है- गणना करना अथवा गिनती करना। अतः तार्किक दृष्टिकोण से किसी भी गणना युक्ति को कंप्यूटर कहा जा सकता है। कंप्यूटर शब्द का

एक विद्वान ने निम्न तरह से व्याख्यायित किया है :

C — CALULATE (गणना)

O — OPERATE (निर्देश देना)

M — MEMORIZE (स्मृति)

P — PRINT (प्रकाशित करना)

U — UPDATE (समसामयिक)

T — TABULATE (सूचीबद्ध करना)

E — EDIT (संपादित करना)

R — RESPONSE (प्रतिक्रिया)

अतः हम कह सकते हैं कि कंप्यूटर वह इलेक्ट्रॉनिक युक्ति है, जो प्राप्त सूचनाओं को दिए गए निर्देशों के अनुसार विश्लेषित करके काफी कम समय में विश्वसनीय परिणाम प्रस्तुत करती है और अपनी संग्रहण क्षमता के कारण इन परिणामों को भविष्य के लिए सुरक्षित भी रख सकती है।

अंततः कंप्यूटर के चार प्रमुख कार्य हैं :

1. पूर्व निर्धारित निर्देशों के अनुसार आँकड़ों को प्राप्त करना।

2. आँकड़ों का संसाधन (Processing) करना।

3. संसाधन से प्राप्त परिणाम को निर्गम (OUTPUT) इकाई द्वारा विभिन्न रूपों में प्रस्तुत करना।

4. आँकड़ों को भविष्य के लिए सुरक्षित रखना।

अध्याय 3

कंप्यूटर की प्रमुख विशेषताएँ

1. कंप्यूटर की प्रथम एवं मुख्य विशेषता इसकी गति है। अपनी गति के कारण ही कंप्यूटर कम समय में अधिक कार्य करने में सक्षम है। मानव को जिन गणनाओं को करने में घंटों लग जाते थे, उन्हीं महत्त्वपूर्ण गण्नाओं को कप्यूटर पलक झपकते ही पूर्ण शुद्धता के साथ स्क्रीन पर प्रदर्शित कर देता है।

2. इसकी विश्वसनीयता कंप्यूटर की दूसरी महत्त्वपूर्ण विशेषता है, जो भी गणनाएँ कंप्यूटर द्वारा की जाती हैं, वे पूर्णतया शुद्ध, सत्य एवं विश्वनीय होती हैं। गलती की संभावना तब होती है जब निर्देश गलत दिया गया हो या फिर सॉफ्टवेयर में कोई खराबी आ जाए।

3. इसकी संग्रहण क्षमता कंप्यूटर की तीसरी विशेषता है। कंप्यूटर के द्वारा संपन्न कार्यों को भविष्य के लिए सुरक्षित भी रखा जा सकता है। लंबे समय के बाद जब भी इन आँकड़ों की पुनः आवश्यकता होती है तब यह कंप्यूटर उन आँकड़ों को पुनः स्क्रीन पर प्रदर्शित कर देता है।

4. कंप्यूटर का प्रयोग विभिन्न तरह के डिजाइनिंग कार्यों के लिए भी किया जाता है। पुस्तक/पृष्ठ/पेपर डिजाइनिंग से लेकर भवनों तक के डिजाइन कंप्यूटर द्वारा निर्मित होते हैं।

5. कंप्यूटर की एक अन्य महत्त्वपूर्ण विशेषता है कि इसने ई-मेल तथा इण्टरनेट जैसी सुविधाओं के द्वारा संपूर्ण विश्व को एक सूत्र में बाँध दिया है।

प्रिंटर (PRINTER)

प्रिंटर (PRINTER) : प्रिंटर द्वारा उपयोगकर्त्ता द्वारा किए गए कार्य के परिणाम स्थाई रूप से प्रिंट होकर प्राप्त किये जा सकते हैं। प्रिटिंग की विधि के अनुसार प्रिंटर तीन प्रकार के होते हैं :

1. **लाईन प्रिंटर (Line Printer)–एक समय में एक पंक्ति प्रिंट करता है।**
2. **कैरेक्टर प्रिंटर (Character Printer)–एक समय में एक-एक कैरेक्टर करके प्रिंटिंग कार्य करते हैं।**
3. पेज प्रिंटर (Page Printer)–एक समय में पूरा पेज प्रिंट करते हैं।

प्रिंटर को प्रिंटिंग की कार्यप्रणाली के अनुसार दो श्रेणियों में विभाजित किया जा सकता है :

1. इंपैक्ट प्रिंटर (Impact Printer)
2. नॉन-इंपैक्ट प्रिंटर (Non-impact Printer)

1. इंपैक्ट प्रिंटर **(Impact Printer)** : ऐसा प्रिंटर इलेक्ट्रो-मैकेनिकल (electro-mechanical) विधि के द्वारा प्रिंटिंग का कार्य करते हैं। इन प्रिंटरों में प्रिंट-हेड कागज पर रिबन के माध्यम से प्रिंटिंग का कार्य करता है। जैसे–डॉट मेट्रिक्स प्रिंटर (Dot Matrix Printer), हाइट प्रिंटर (Hight Printer), डेज़ी व्हील प्रिंटर (Daisy Wheel Printer)।

2. नॉन-इंपैक्ट प्रिंटर **(Non-Impact Printer)** : इन प्रिंटरों में प्रिंटिंग का कार्य ताप (Thermal), रासायनिक (Chemical), इंकजेट या लेजर रेज (Ink-Jet या Laser Rays) तकनीक द्वारा किया जाता है।

उदाहरण--लेज़र प्रिंटर (Laser Printer), इंकजेट प्रिंटर (Ink-Jet Printer)।

डी.एम.पी. (DMP—Dot Matrix Printer)

इस प्रकार के प्रिंटिंग में प्रिंटिंग का कार्य मैटरिक्स (Matrix) के रूप में व्यवस्थित बिंदुओं की मदद से किया जाता है। प्रिंट हेड पर उपस्थित ये पिन प्रिंट होने वाले कैरेक्टर के अनुसार सक्रिय हो जाते हैं तथा प्रिंट हेड के रिबन पर चोट करने के उपरांत कैरेक्टर कागज पर प्रिंट होता हैं। ये एक प्रकार के कैरेक्टर प्रिंटर हैं। इनकी छापने की गति धीमी होती है। ये डिज़ाइन छापने में प्रयुक्त नहीं हो सकते।

लेजर प्रिंटर (Laser Printer)

ऐसे प्रिंटर सबसे ज्यादा लोकप्रिय तथा महँगे व उत्तम स्तर की प्रिंटिंग करने वाले होते हैं। इनमें प्रिटिंग का कार्य लेज़र किरणों की मदद से किया जाता है। लेज़र की सहायता से प्रिंट होने वाले पृष्ठ की छाया कागज पर स्थानांतरित (Transfer) कर दी जाती है। इसके बाद ये कागज़ टोनर (toner) से होकर गुजरता है, जहाँ उपस्थित पाउडर के रूप में स्याही कागज पर आवेशित क्षेत्रों की ओर आकर्षित हो जाती है। इसके बाद काफी ज्यादा ताप एवं दाब को स्थाई रूप से कागज पर जमा दिया जाता है। इन प्रिंटरों का उपयोग डिजाइन बनाने के कार्यों में तथा ऐसे स्थानों पर किया जाता है जहाँ अत्यधिक मात्रा में कार्य कम समय में करना होता है।

इंक-जेट प्रिंटर (Ink-Jet Printer)

ऐसे प्रिंटर के प्रिंट हेड में बारीक छोटी-छोटी नोज़ल (Nozzles) होती हैं। इन नोज़ल (nozzles) से एक विशेष तरह की स्याही एक प्लेट पर छिड़की जाती है। प्रिंट होने वाले कैरेक्टर के अनुसार प्लेट्स से वह स्याही कागज पर छिड़क दी जाती है। यह स्याही कागज के संपर्क में आती ही सूख जाती है। इन प्रिंटर्स की गति भी अत्यंत धीमी होती है।

अध्याय 4

कंप्यूटर का इतिहास

किसी एक व्यक्ति द्वारा एक ही दिन में कंप्यूटर का विकास नहीं किया गया है। इसके विकास को विभिन्न प्रकार की स्थितियों से गुजरना पड़ा है। कंप्यूटर के विकास की कहानी बड़ी लम्बी, मनोरंजक और दिलचस्प है। आइये, नजर डालते हैं इस कहानी पर।

प्राचीन तरीके

एक समय ऐसा था जब मनुष्य के पास गिनने का कोई तरीका न था। प्राचीन काल में शायद गिनने का प्रक्रम गड़रिये से प्रारंभ हुआ। गड़रिये अपनी भेड़ों को गिनने के लिए पत्थर के छोटे-छोटे टुकड़ों का प्रयोग करते थे। सुबह गड़रिया जब अपनी भेड़ों को चरागाह में चरने के लिए ले जाता था तो प्रत्येक भेड़ के लिए अपनी जेब में पत्थर का एक टुकड़ा डालता जाता था। इस तरह भेड़ों की संख्या के बराबर उसकी जेब में पत्थर के टुकड़े आ जाते थे। शाम को जब भेड़ें लौटकर चारागाह से आती थीं तो हर एक भेड़ के लिए गड़रिया एक-एक टुकड़ा अपनी जेब से बाहर निकालता था। इसके आधार पर वह निश्चय करता था कि कहीं उसकी कोई भेड़ गायब तो नहीं हो गयी हैं। जितने पत्थर के टुकड़े जेब में बच जाते थे, वे खोई हुई भेड़ के बराबर होते थे। सभ्यता का धीरे-धीरे विकास हुआ और मनुष्य गिनती गिनने के लिए पत्थरों की जगह छड़ों का प्रयोग करने लगा। समय बीतता गया तथा मानव अंकों के उपयोग तक पहुँच गया।

गिरतारा (Abacus)

गणनाएँ करने के लिए सबसे प्रथम युक्ति अबाकस या गिनतारा थी। बच्चों को गिनती सिखाने के लिए आज भी अबाकस का प्रयोग किया जाता है।

आज से लगभग 5 हजार वर्ष पहले अबाकस का प्रयोग चीनियों ने प्रारंभ किया था। इस मशीन में एक चोकोर फ्रेम होता था। इसमें तार लगे होते थे तथा इन तारों में छेद वाले दाने लगे होते थे। लकड़ी का फ्रेम दो भागों में बँटा होता था। ऊपरी भाग के प्रत्येक तार में दो-दो दाने होते थे और नीचे वाले तार में 5-5 दाने होते थे। इन दानों को ऊपर-नीचे खिसकाया जा सकता था। इन दानों को 0 से 9 तक के अंकों के लिए प्रयोग किया जाता था। चीन से यह प्रक्रम मिस्र, यूनान और रोम तक जा पहुँचा। अबाकस का प्रयोग रूस तथा जापान जैसे विकसित देशों में भी होता रहा है।

यह अबाकस के विषय में कहा जाता है कि जापान के एक क्लर्क मतसूजेक (Masuzake) और अमरीका के एक व्यक्ति के बीच प्रतियोगिता हुई। जापानी क्लर्क के पास एक अबाकस था और अमरीकी क्लर्क के पास एक कैलकुलेटर था। आश्चर्य की बात यह है कि जापानी क्लर्क ने अमरीकी प्रतियोगी को हरा दिया। अबाकस का प्रयोग सिर्फ जोड़ने और घटाने की क्रियाओं के लिए ही किया जा सकता था। नीचे के चित्र 1 में अबाकस दिखाया गया है।

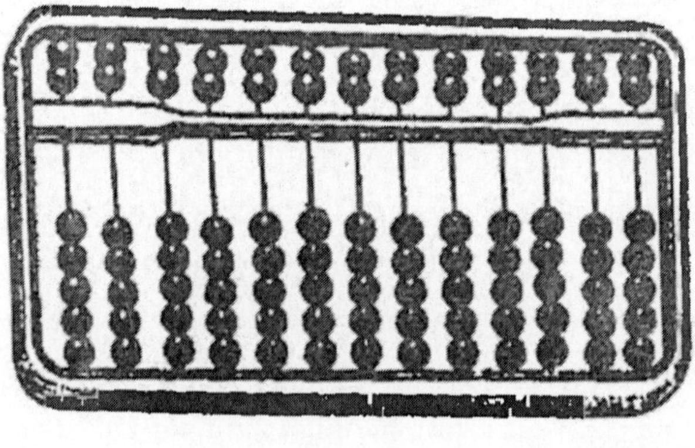

चित्र 1

नेपियर्स बोन (Napier's Bone)

नेपियर ने गणित की गणनाएँ करने के लिए कुछ छड़ों का आविष्कार किया, जिन्हें नेपियर्स बोन कहते हैं। इन छड़ों की सहायता से गणना करना काफी आसान हो गया था।

जॉन नेपियर द्वारा लघु गणक का भी आविष्कार किया गया। लघु गणक की सहायता से आज भी विद्यार्थी गणनाएँ करते हैं, इससे गणना करना काफी आसान होता है।

विलियम औटरेड (William Oughtred) ने सन् 1620 में स्लाइड रूल (Slide Rule) का आविष्कार किया। स्लाइड रूल से गुणा व भाग करना काफी आसान होता है। आज भी इंजीनियरी के विद्यार्थी गणित की गणनाएँ करने के लिए रूल का प्रयोग करते हैं। चित्र 2 और 3 में नेपियर्स बोन और स्लाइड रूल दिखाये गये हैं।

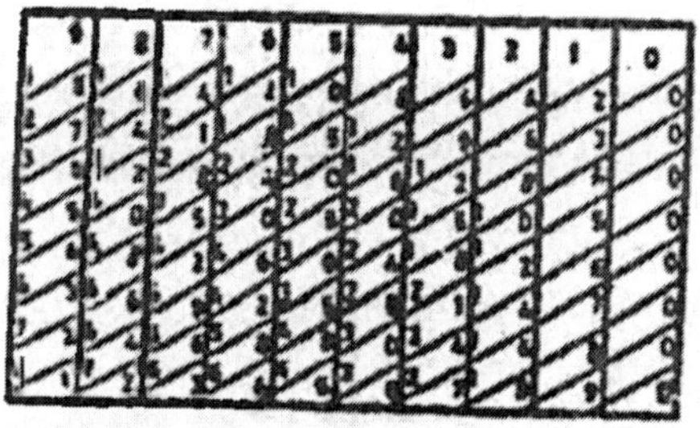

चित्र 2 : अबाकस

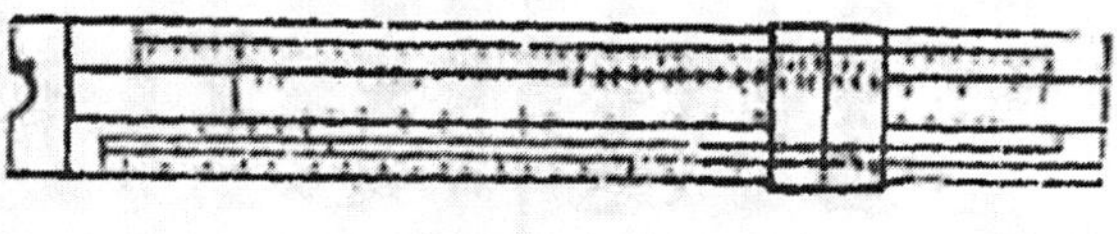

चित्र 3 : नेपियर्स बोर्न

प्रथम यांत्रिक कैलकुलेटर

ब्लेज पास्कल (Blasie Pascle) ने सन् 1642 में सबसे प्रथम यांत्रिक कैलकुलेटर बनाया। यह मशीन जोड़ने और घटाने का काम कर सकती थी। ये जब 19 वर्ष के थे तभी इन्होंने इस मशीन को बना डाला। इस मशीन के विकास की कहानी बड़ी मनोरंजक है। पास्कल के पिता फ्रांस के पेरिस शहर में कर-अधिकारी थे। टैक्स का हिसाब-किताब करने में वे थक जाते थे।

पास्कल के पिता को रात में देर तक काम करना पड़ता था। अपने पिता का बोझ हल्का करने के लिए इन्होंने एक ऐसी मशीन बनाने का निर्णय किया, जो अपने आप गणनाएँ कर सके। सन् 1645 में इन्होंने इस मशीन का पेटेंट करा डाला। वास्तव में गणनाएँ करने वाली यह प्रथम मशीन थी।

इस मशीन में बहुत से पहिये और गरारियाँ लगी हुई थीं। इसमें ऐसा प्रक्रम था, जो पहिये के एक पूरे चक्कर के लिए साथ के पहिये को घुमाता था। पहिये को आगे-पीछे घुमाकर मशीन जोड़ने और घटाने का काम करती थी।

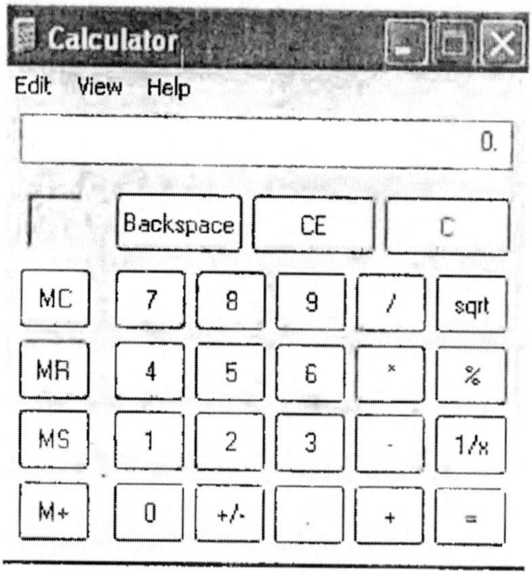

चित्र 5 : कैलकुलेटर

सन् 1671 में जर्मनी के गोडफ्रीड लीबनिज (Goddfried Leibniz) ने इसमें अनेक सुधार किये, जिससे इसी मशीन से गुणा और भाग की क्रियाएँ करना भी संभव हो गया।

यद्यपि ये दोनों मशीनें अधिक लोकप्रिय न हो पायीं, लेकिन निश्चय ही इनसे एक नये युग का आरम्भ हुआ। सन् 1820 में फ्रांस के चार्ल्स जेवियर थॉमस (Charles Zavier Thomas) ने ऐसी कैलकुलेटिंग मशीन बनायी जो जोड़, घटाव, गुणा और भाग कर सकती थी। समय बीतता गया तथा इन मशीनों में अनेक सुधार होते गये।

कंप्यूटरों का विकास

कंप्यूटर का जन्मदाता चार्ल्स बाबेज़ (Charles Babbage) को कहा जा सकता है। उन्होंने सन् 1823 में कैम्ब्रिज विश्वविद्यालय में एक कंप्यूटर बनाया, जिसका नाम डिफरेन्स इंजन था। यह इंजन ऐसी गणनाएँ कर सकता था जो दशमलव के बाद बीस अंकों तक सही होती थीं। इस मशीन ने काफी सफलता प्राप्त की। बाबेज़ ने सन् 1832 में इसकी सफलता देखकर एक बड़ी मशीन बनायी, जिसका नाम एनेलेटिकल इंजन (Analytical Engine) रखा। इस मशीन के विकास के लिए ब्रिटेन की सरकार ने पैसे की मदद की। यह मशीन पचास दशमलव अंकों तक स्वचालित तरीके से गणनाएँ कर सकती थी।

इसके पश्चात् डॉ. हरमन हॉलेरिथ ने कंप्यूटर के विकास में काफी योगदान दिया। उनके द्वारा बनायी गयी मशीन सन् 1890 में जनसंख्या के आँकड़े लेने के लिए प्रयोग में लायी गयी।

लियोनार्दो टौरस (Leonardo Torres), कोनार्ड जूज़ (Konard Zuse) आदि ने कंप्यूटर के विकास में काफी योगदान दिया। अमेरिका के इंजीनियर वैनवासा बुश ने सन् 1930 में पहला एनॉलाग कंप्यूटर बनाया। इसी दशक में जर्मनी, ब्रिटेन और अमरीका में विद्युत चालित एनालॉग कंप्यूटर बनाये गये।

सबसे पहला डिजिटल कंप्यूटर प्रोफेसर होवार्ड एच. एकिन (Howard H. Aiken) ने सन् 1944 में बनाया। यह हारवर्ड विश्वविद्यालय में विकसित

किया गया। यह मूल रूप से यह एक यांत्रिक कंप्यूटर था, जिसे एक गुणा करने की क्रिया में चार सेकंड का समय लगता था। इस कंप्यूटर के विकास में आई.बी.एम. ने काफी बड़ा योगदान दिया, इसलिए इसका नाम हारवर्ड आई.बी.एम. रखा गया। इसके बाद इलेक्ट्रानिक कंप्यूटरों के युग का आरम्भ हुआ। चित्र में चार्ल्स बाबेज़ दिखाये गये हैं।

चित्र 6 : चार्ल्स बाबेज

इलेक्ट्रॉनिक कंप्यूटरों की शुरुआत

जे.पी. एकर्ट (J.P. Eckert) और जे.डब्ल्यू. मौचले (J.W. Mauchlyo) ने सन् 1946 में सबसे प्रथम इलेक्ट्रॉनिक कंप्यूटर बनाया। इसका नाम एनिआक (ANIAC) अर्थात् इलेक्ट्रॉनिक न्यूमेरिकल इण्टीग्रेटर एण्ड कैलकुलेटर था। यह एक बहुत बड़ी मशीन थी, जिसमें 18,000 इलेक्ट्रॉनिक ट्यूब, 70,000 प्रतिरोध और 10,000 कैपिस्टर तथा 60,000 स्विच लगे थे। इसका आकार बहुत बड़ा था। इसे लगाने के लिए एक बहुत बड़े कमरे की जरूरत होती थी। इसे चलाने के लिए 150 किलोवाट विद्युत शक्ति की जरूरत होती थी। इस कंप्यूटर को

इलेक्ट्रानिक कंप्यूटरों की प्रथम पीढ़ी में गिना जाता है। यह एक सेकिंड में जोड़ की पाँच हजार और गुणा की 350 क्रियाएँ कर सकता था। यांत्रिक कंप्यूटरों की तुलना में यह एक हजार गुना तीव्र था, परंतु इसमें कोई स्मृति नहीं थी।

इस कंप्यूटर के विकास के बाद कंप्यूटर के विकास में एक क्रांति आ गई। जे.वान. न्यूमैन (J.Van. Newman) नामक वैज्ञानिक ने एनिआक समूह के साथ काम करना प्रारंभ किया। ट्रांजिस्टर का आविष्कार सन् 1948 में हुआ, जिसने कंप्यूटर के विकास में एक नया अध्याय जोड़ दिया। इन्टीग्रेटिड परिपथ और माइक्रो इलेक्ट्रानिक परिपथों के विकास से कंप्यूटर की पीढ़ियाँ बदलती गई तथा आज के दिन हम कंप्यूटर की पाँचवीं पीढ़ी देख रहे हैं। कंप्यूटर की इन पाँच पीढ़ियों में तरह-तरह के कंप्यूटर विकसित हो गये हैं। हम आज ऐसे कंप्यूटर देख रहे हैं, जिनकी कभी कल्पना नहीं कर सकते थे।

कंप्यूटर की पाँच पीढ़ियों का विवरण नीचे दिया गया है :

कंप्यूटरों की प्रथम पीढ़ी—कंप्यूटरों की प्रथम पीढ़ी में एनिआक (ENIAC) पहला कंप्यूटर था। इसका निर्माण अमेरिका में रक्षा जरूरतों की पूर्ति के लिए किया गया था। इस पीढ़ी में 6 कंप्यूटर बनाये गये थे। ये कंप्यूटर थे एडसैक (EDSAC), जिसका निर्माण सन् 1949 में कैम्ब्रिज विश्वविद्यालय में किया गया था। दूसरा कंप्यूटर एडवैक (EDVAC), था जो सन् 1950 में पैन्सिलवानिया विश्वविद्यालय में बनाया गया था। इसी पीढ़ी का प्रथम व्यावसायिक कंप्यूटर सन् 1951 में एम.बी. विल्कस (M.B.Wilkes) ने बनाया था, जिसका नाम लियो (LEO) था। सन् 1951 में ही यूनिवैक आइ. बी.एम. 701 और आई.बी.एम.650 बनाये गये। प्रथम पीढ़ी के सभी कंप्यूटरों में इलेक्ट्रानिक वाल्व प्रयोग में लाये जाते थे। इस पीढ़ी के कंप्यूटरों में निम्नलिखित दोष थे–

1. इन कंप्यूटरों का आकार काफी बड़ा होता था।
2. इनमें काफी ज्यादा बिजली खर्च होती थी।
3. इनकी क्रिया-गति बहुत तेज नहीं थी।

4. इनमें चूँकि वाल्व प्रयोग होते थे, इससे ये कंप्यूटर गर्म हो जाते थे, इस कारण इनमें दोष भी शीघ्र पैदा हो जाते थे।

5. इनकी सत्यता और विश्वसनीयता कम स्तर की थी।

6. इनका जीवन भी बहुत अधिक नहीं था।

7. इन कंप्यूटरों की प्रोग्रामिंग क्षमता भी सीमित थी।

8. इन कंप्यूटरों में दोषों का पता लगाना काफी मुश्किल काम था।

कंप्यूटरों की दूसरी पीढ़ी—सन् 1948 में विलियम शोकले (William Shockly), जॉन बरडीन (John Burdeen) और वाल्टर ब्राटेन (Walter Brattain) ने ट्रांजिस्टर का आविष्कार किया। चित्र में ट्रांजिस्टर और वाल्व

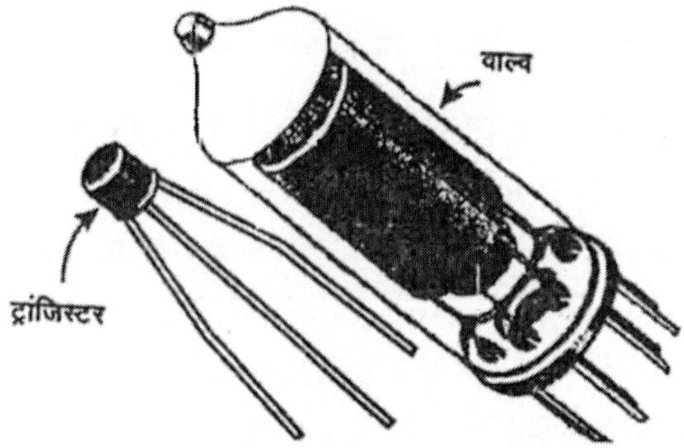

चित्र 7

के आकार की तुलना की गई है। कंप्यूटर की दूसरी पीढ़ी को ट्रांजिस्टर के आविष्कार ने जन्म दिया। ट्रांजिस्टरों का आकार बहुत छोटा होता है। इनके प्रयोग से कंप्यूटर की दूसरी पीढ़ी आरम्भ हुई। इससे कंप्यूटरों का आकार छोटा हो गया। बिजली की खपत कम हो गई। ट्रांजिस्टर प्रारंभ में महँगे थे, इसलिए इनका प्रयोग ज्यादा नहीं हो पाया। जैसे-जैसे इनका मूल्य कम होता गया, इनका प्रयोग भी बढ़ता गया। दूसरी पीढ़ी के कंप्यूटरों के निम्नलिखित फायदे थे—

1. इनका वेग तेज था।

2. इनका आकार छोटा था।

3. इन कंप्यूटरों में दोष कम पैदा होते थे और दोष का पता लगाना आसान था।

4. इनकी सत्यता बेहतर थी।

5. इन कंप्यूटरों में बिजली की कम खपत होती थी।

6. इनमें गर्मी कम पैदा होती थी।

7. इन कंप्यूटरों में चुम्बकीय कोर स्मृति का काम करती थी।

आई.बी.एम. की 70, 1400 और 1600 शृंखलाएँ दूसरी पीढ़ी के कंप्यूटरों में काफी प्रसिद्ध हुईं। इसी प्रकार हनी वैल (Honey Well) की 400 और 800 शृंखलाएँ, बरोज (Burroughs) की 5000 और 200 शृंखलाएँ, जी.ई.सी. 635, 645 और 200 शृंखलाएँ काफी प्रसिद्ध हुईं। इस पीढ़ी के ज्यादातर कंप्यूटर वैज्ञानिक और व्यापार के लिए बनाये गये थे।

कंप्यूटरों की तीसरी पीढ़ी—सन् 1664 में तीसरी पीढ़ी का जन्म हुआ। इस पीढ़ी के कंप्यूटरों का आरम्भ इन्टीग्रेटिड परिपथों के विकास से संभव हो पाया। इन कंप्यूटरों का आकार बहुत छोटा था। इनकी गति काफी तेज थी तथा कीमत भी काफी कम थी। ये कंप्यूटर प्रथम पीढ़ी की तुलना में 10,000 गुना अधिक तेज थे और कोई भी क्रिया एक सेकण्ड के एक अरबवें भाग में कर सकते थे। इन कंप्यूटरों के इनपुट और आउटपुट प्रक्रमों में चुम्बकीय स्याही और लाइन प्रिन्टर प्रयोग होने लगे थे। सिलिकॉन चिप का प्रयोग इसी अवधि में होने लगा। लार्ज स्केल इन्टीग्रेशन (L.S.I.) के बनने के कारण मिनी कंप्यूटरों का विकास होने लगा।

तीसरी पीढ़ी की प्रमुख शृंखलाएँ थीं—आई.बी.एम. की 360 और 370 शृंखलाएँ, आर.सी.ए. की 70 शृंखला, यूनीवैक की 1108 और 9000 शृंखलाएँ और आई.सी.एल. की 1900 और 2900 शृंखलाएँ काफी प्रसिद्ध हुईं।

कंप्यूटर की चौथी पीढ़ी—इस पीढ़ी के कंप्यूटरों में सिलिकॉन चिप पर बने माइक्रो कंप्यूटर नाम दिया गया। ये मिनी कंप्यूटरों से छोटे थे।

इस पीढ़ी का प्रथम माइक्रो कंप्यूटर अल्टेयर (Altair) था। इसके बाद अधिक शक्तिशाली चिप बनने लगे। सिंकलेयर ZX शृंखला इस पीढ़ी में काफी प्रसिद्ध हुई।

सिलिकॉन चिप से सेंट्रल प्रोसेसिंग यूनिट (CPU) का रूप ही बदल गया। इस पीढ़ी में 8 बिट तक के माइक्रोप्रोसेसर बनाये गये। कमोडेर पी.ई.टी. इस पीढ़ी का अत्यंत लोकप्रिय कंप्यूटर था।

वैरी लार्ज स्केल इन्टीग्रेटिड सर्किल्त (V.L.S.I.) के विकास के बाद चौथी पीढ़ी के कंप्यूटर काफी छोटे हो गये। सन् 1980 तक जापान में पॉकेट कंप्यूटर बनने लगे, जिनकी तीव्रता एक नैनो सेकंड तक थी। यह पीढ़ी सन् 1980 तक चली।

कंप्यूटर की पाँचवीं पीढ़ी—इस बात का कंप्यूटर की चौथी पीढ़ी तक विचार रहा कि उनका आकार छोटा किया जाये एवं गणना करने का वेग बढ़ाया जायें, साथ ही साथ स्मृति को ज्यादा बलशाली बनाया जायें। बहुत अच्छे कंप्यूटर बनाने के बावजूद भी वैज्ञानिकों के मन में यह बात आती रही कि कंप्यूटरों की किस प्रकार बुद्धि प्रदान की जाये और इनमें सोचने की शक्ति पैदा की जाये। कंप्यूटरों में कृत्रिम बुद्धि (Artificial Intelligence) पैदा करने के लिए पाँचवीं पीढ़ी का आरम्भ हुआ।

सन् 1985 से पाँचवीं पीढ़ी का आरम्भ माना जाता है। इस प्रकार के कंप्यूटरों का विकास मुख्य रूप से जापान में हुआ। इस प्रकार के कंप्यूटरों का निर्माण बिल्कुल अलग प्रकार का था। इन कंप्यूटरों में रूप-रंग और आकार का पता लगाना तथा यंत्र मानवों को नियंत्रित करना ऐसे कार्य थे, जिनमें कंप्यूटरों को अपनी बुद्धि की आवश्यकता होती थी।

आज के वैज्ञानिकों द्वारा सुपर कंप्यूटर खोज किया जा चुका है, जो प्रति सेकण्ड अरबों निर्देशों का पालन करते है। इन कंप्यूटरों के लिए उच्च स्तरीय भाषा की विकसित कर ली है। लेकिन अभी कृत्रिम बुद्धिमत्ता के क्षेत्र में बहुत कुछ करना बाकी है। आज भी अमरीका और जापान के वैज्ञानिक प्रकाशीय कंप्यूटर बनाने में लगे हैं। विज्ञान के ये प्रयास कंप्यूटरों को निश्चय ही नई दिशाएँ देंगे।

अध्याय 5

कंप्यूटर की बनावट एवं कार्यप्रणाली

कंप्यूटर की बनावट पर यदि हम दृष्टि डालें तो इसकी बनावट अत्यंत ही जटिल प्रतीत होती है। इसकी बनावट और कार्यप्रणाली को समझने के लिए हम तीन हिस्सों में बाँट सकते हैं–

1. इनपुट यूनिट(Input Unit)

2. सेंट्रल प्रोसेसिंग यूनिट (CPU)

सेंट्रल प्रोसेसिंग यूनिट को तीन भागों में बाँटा जा सकता है–

(क) कंट्रोल यूनिट (Control Unit)

(ख) अरिथमैटिक एण्ड लॉजिक यूनिट (ALU)

(ग) मेमौरी यूनिट (Memory Unit)

3. आउटपुट यूनिट (Output Unit)

इस तरह कंप्यूटर को पाँच भागों में बाँटा जा सकता है। चित्र 5.1 में ये पाँचों भाग दिखाये गये हैं। इन पाँचों भागों का विवरण नीचे दिया गया है :

1. इनपुट यूनिट–यह इस प्रकार का प्रक्रम होता है जो सभी निर्देशों और आँकड़ों को कंप्यूटर में भेजता हैं। ये सभी निर्देश और आँकड़े पहले बाइनरी कोड में बदलने पड़ते हैं और उसके बाद कंप्यूटर में जाते हैं। इसी भाषा

को कंप्यूटर समझता है तथा इसी भाषा के निर्देशों का पालन करता है। कंप्यूटर में प्रयोग होने वाले करीब 12 इनपुट प्रक्रम हैं, जो अपने आप आँकड़ों को बाइनरी कोड में बदल देते हैं। इसके लिए कंप्यूटर प्रयोग करने वाले व्यक्ति को कुछ भी नहीं करना पड़ता। कंप्यूटर में प्रयोग होने वाले इनपुट प्रक्रम निम्न प्रकार से हैं–

1. पेपर टेप (Paper Tape)
2. पंचकार्ड (Punched card)
3. फ्लोपी डिस्क (Floppy Disk)
4. मैगनेटिक डिस्क (Magnetic Disk) और मैगनेटिक ड्रम (Magnetic drum)
5. आप्टिकल मार्क रीडर (Optical Mark Reader) और आप्टिकल करैक्टर रीडर (OMR)
6. मैगनेटिक इंक करैक्टर रीडर (Magnetic ink Character Reader)
7. की-बोर्ड तथा टेली टाइप रीडर (Key board and Tele Type Reader)
8. ग्राफिक इनपुट (Graphic Input)
9. जॉय स्टिक (Joy Stick)
10. मैगनेटिक टेप (Magnetic Tape)
11. ऑडियो या वायस डाटा एंट्री टर्मिनल
12. लाइट पैन (Light Pen)

आधुनिक कंप्यूटरों में माउस नाम की इनपुट पद्धति प्रयोग की जाती है, इसका विवरण और 12 इनपुट प्रक्रमों का विवरण अगले अध्याय में दिया गया है।

सेंट्रल प्रोसेसिंग यूनिट (CPU)–जैसा कि पहले वर्णन किया जा चुका है, इसके तीन भाग होते हैं, यह अत्यंत ही महत्त्वपूर्ण यूनिट है–

(क) अरिथमैटिक और लॉजिक यूनिट (ALU)

(ख) मेमोरी (Memory Unit)

(ग) कंट्रोल यूनिट (Control Unit)

कंप्यूटर के ये तीनों यूनिट एक-दूसरे के साथ मिलकर काम करते हैं तथा किसी भी समस्या का हल करके आउटपुट यूनिट में भेजते हैं। इन यूनिटों का संक्षिप्त विवरण निम्न आधार पर दिया गया है :

(क) अरिथमैटिक और लॉजिक यूनिट (ALU)—कंप्यूटर की सभी गणितीय क्रियाएँ— जोड़ना, घटाना, गुणा करना, भाग करना आदि इसी यूनिट में सम्पन्न होती हैं। ये सभी इस यूनिट में इनपुट के रूप में आते हैं। इनका समाधान करके यह मेमोरी में भेज देता है। समस्त लॉजिक की क्रियाएँ यहीं पर होती हैं। इस यूनिट के सभी कार्यकलाप बाइनरी अंकों में होते हैं।

ALU के अनेक भाग होते हैं, जैसे जोड़ने वाला भाग, घटाने वाला भाग आदि। कंप्यूटर के इस भाग में बहुत से रजिस्टर (Register) होते हैं जो सूचनाओं को इलेक्ट्रॉन स्पंदनों (Electron Pulses) के रूप में इकट्ठा करते रहते हैं। इन रजिस्टरों में बहुत से स्विच होते हैं, जिन्हें फिलह-फिलाप कहते हैं। ये फिलह-फिलाप बहुत से ट्रांजिस्टरों से मिलकर बने होते हैं। इन्हें एक साथ जोड़कर गिनने के लिए प्रयोग किया जाता है।

(ख) मेमोरी यूनिट (Memory Unit)—इस यूनिट का कार्य कंप्यूटर के सभी आँकड़ों और निर्देशों को संचित करना होता है। इसके दो भाग होते हैं—

(a) मेन मेमोरी जिसे IAS (Immediate access memory Storage) कहते हैं। यह यूनिट हमारी स्मृति की तरह सूचनाओं को संचित करता है और आवश्यकता पड़ने पर उन्हें फिर से प्राप्त कर सकता है। निर्देशों का इसी में संचय होता है। यह भाग ALU के साथ जुड़ा होता है।

(b) सेकेंडरी मेमोरी (Sec. Memory)—इसी मेमोरी में सूचनाओं का शेष भाग संचित होता है। मुख्य स्मृति की तुलना में यह काफी धीमी होती है। इसमें

सूचनायें पंचकार्ड पेपर टेप के छेदों के रूप में संचित होती हैं।

(ग) कंट्रोल यूनिट–कंप्यूटर के अंदर की सभी क्रियाओं को यह यूनिट नियंत्रित करता है। यह यूनिट यह देखता है कि प्रोग्राम के निर्देशों का ठीक प्रकार से पालन हो रहा है अथवा नहीं। हम यदि CPU को कंप्यूटर के मस्तिष्क की उपमा दें तो कंट्रोल यूनिट को तंत्रिकाओं की उपाधि दे सकते हैं। जिस तरह मनुष्य के मस्तिष्क के सभी कार्य तंत्रिकाओं द्वारा नियंत्रित होते हैं, ठीक उसी तरह CPU के सभी कार्य कंट्रोल यूनिट द्वारा नियंत्रित होते हैं। कंट्रोल यूनिट क्लॉक (Clock) नाम के संदेश CPU को इलेक्ट्रॉनिक स्पन्दों के रूप में भेजता रहता है। CPU की गणनाओं में इनसे एक लयबद्धता आती है। अलग-अलग कंप्यूटरों में क्लॉकों की दर अलग-अलग होती है। आई.बी.एम. के पर्सनल कंप्यूटरों में क्लॉक दर 4 हजार मेगाहर्ट्ज तक होती है। क्लॉक दर जितनी ज्यादा होगी, कंप्यूटर उतना ही अधिक तीव्र होगा।

3. आउटपुट यूनिट–कंप्यूटर द्वारा किये गये कार्य या परिणाम आउटपुट यूनिट में आते हैं। आउटपुट यूनिट समस्त परिणामों को ऐसे रूप में प्रदर्शित करता है जो मनुष्य की समझ में आ सकें। किसी भी कंप्यूटर के आउटपुट में निम्नलिखित प्रक्रम होते हैं–

1. कंप्यूटर मॉनीटर (Computer Moniter)
2. कार्ड पंचर (Card Puncher)
3. लाइन प्रिंटर (Line Printer)
4. लेसर प्रिंटर (Laser Printer)
5. आप्टिकल प्रिंटर (Optical Printer)
6. मैगनेटिक डिस्क (Magnetic Disk)
7. टेप पंचर (Tape Puncher)
8. फ्लोपी डिस्क (Floppy Disk)
9. मैगनेटिक टेप (Magnetic Tape)
10. डेर्जाह्वील (Daisy Wheel)

11. प्लॉटर (Plotter)

12. विजुअल डिस्प्ले टर्मिनल (VDU)

अगले अध्याय में आउटपुट यूनिट के सभी प्रक्रमों का विवरण दिया गया है। इनमें से कुछ प्रक्रम इनपुट यूनिट और आउटपुट, यूनिट दोनों में प्रयोग होते हैं। कंप्यूटर के ये सभी भाग एक साथ लगे होते हैं। इन सबको मिलाकर कंप्यूटर एक प्रभावशाली मशीन के जैसा कार्य करता है।

अध्याय 6

कंप्यूटर के प्रकार

हमने पूर्व के दो अध्यायों में कंप्यूटरों के विकास एवं उनकी पाँच पीढ़ियों का अध्ययन किया। इस अध्याय में हम अलग-अलग प्रकार के कंप्यूटरों का अध्ययन करेंगे।

कंप्यूटर के विभिन्न प्रकार

मुख्य रूप से कंप्यूटर दो प्रकार के होते हैं–

1. एनालॉग या अनुरूप कंप्यूटर (Analog Computer)
2. डिजिटल यानी अंकीय कंप्यूटर (Digital Computer)
3. हाइब्रिड या संकर कंप्यूटर (Hybrid Computer)

1. एनालॉग या अनुरूप कंप्यूटर–एनालॉग ग्रीक भाषा से लिया गया शब्द है, जिसका अर्थ है दो भौतिक राशियों में अनुरूपता स्थापित करना। इस वर्ग के कंप्यूटर विद्युत वोल्टता या विद्युतधारा मापकर किसी भौतिक राशि के साथ अनुरूपता स्थापित करते हैं। मोटरगाड़ी में लगा स्पीडोमीटर (Speedometer) एक एनालॉग युक्ति है जो निरंतर गाड़ी का वेग प्रदर्शित करता रहता है। इन कंप्यूटरों का प्रयोग डिफरेन्शियल समीकरण हल करने के लिए किया जाता है। इनकी स्पीड काफी ज्यादा होती है लेकिन शुद्धता कम होती है।

2. डिजिटल यानी अंकीय कंप्यूटर—जैसा कि नाम से ज्ञात होता है, इन कंप्यूटरों में गणितीय गणनाओं के लिए द्विआधारी यानी बाइनरी अंकों (0 और 1) का प्रयोग किया जाता है। सभी कार्य इन कंप्यूटरों में 0 और 1 के अंकों के आधार पर होते हैं। मूल रूप से ये कंप्यूटर जोड़ने की क्रिया करते हैं। घटाने, गुणा करने और भाग करने की सभी क्रियाएँ जोड़ने की क्रिया द्वारा सम्पन्न होती हैं। इन कंप्यूटरों के इलेक्ट्रॉनिक परिपथ काफी जटिल होते हैं। ये कंप्यूटर आँकड़ों का विश्लेषण निर्देशानुसार करते हैं। प्रोग्राम के लिए एक विशेष भाषा प्रयोग की जाती है, जिसे कंप्यूटर की भाषा कहते हैं। कंप्यूटर भाषाओं का विवरण एक अलग अध्याय में दिया गया है। बायनरी कोड में 0 पर 'ऑफ' (Off) और 1 पर 'आन' (On) की प्रक्रिया होती है।

डिजिटल कंप्यूटर दो प्रकार के होते हैं—

यहाँ यह जान लेना आवश्यक है कि आजकल के सभी कंप्यूटर डिजिटल कंप्यूटर होते हैं।

(1) **सामान्य कार्यों के लिए**—किसी भी काम में इस प्रकार के कंप्यूटरों को प्रयोग किया जा सकता है। ये जिस आसानी से व्यापार की समस्याओं को हल कर सकते हैं, उसी आसानी से गणित की समस्याओं को भी हल कर सकते हैं।

(2) इस तरह के कंप्यूटर केवल विशेष कार्यों के लिए बनाये जाते हैं। यदि कोई कंप्यूटर उपग्रह नियंत्रण के लिए बनाया गया है तो वह सिर्फ यही कार्य कर सकता हैं।

3. हाइब्रिड या संकर कंप्यूटर—नाम से जैसा कि स्पष्ट है कि इस तरह के कंप्यूटरों में डिजिटल और एनालॉग कंप्यूटरों के अच्छे गुणों को चुन लिया जाता है। एनालॉग संदेशों को इन कंप्यूटरों में डिजिटल संदेशों में बदल दिया जाता है। जो यंत्र यह काम करते हैं, उन्हें मॉडम (Modem) कहते हैं। इन कंप्यूटरों का उपयोग विज्ञान और उद्योगों में किया जाता है।

कंप्यूटरों का स्मृति की क्षमता के आधार पर वर्गीकरण

स्मृति के आधार पर कंप्यूटरों को चार वर्गों में विभाजित गया है। इस वर्गीकरण में मुख्यतः तीसरी और चौथी पीढ़ी के कंप्यूटर आते हैं। स्मृति के आधार पर कंप्यूटरों का वर्गीकरण निम्न प्रकार है –

1. माइक्रो कंप्यूटर (Micro Computer)–ऐसे कंप्यूटरों की स्मृति का आकार 256 किलो बाइट (Kilo Bytes) तक होता है। इनका नाम माइक्रो कंप्यूटर इसीलिए रखा गया है, कारण कि ये आकार में काफी छोटे होते हैं। इनमें एक सिलिकॉन चिप प्रयोग में लाया जाता है। इस सिलिकॉन चिप का आकार अँगूठे के नाखून के बराबर होता है। दूसरे कंप्यूटरों की तरह इन कंप्यूटरों में इनपुट, आउटपुट, सी.पी.यू. कंट्रोल यूनिट और स्मृति होते हैं। इनकी गति 5 लाख बाइट प्रति सेकण्ड तक होती है। इसमें एक टी.वी. स्क्रीन होता है, जिसमें परिणाम प्रदर्शित होते हैं।

इन कंप्यूटरों का एक केबल द्वारा मुख्य कंप्यूटर से संपर्क कर दिया जाता है। ये कंप्यूटर बेसिक (Basic), पास्कल (Pascal), फॉरट्रान (Fortran) भाषाओं द्वारा काम करते हैं। शब्दों की इन कंप्यूटरों में अधिकतम लंबाई 16 बिट तक होती है, परंतु इन कंप्यूटरों में 8 बिट के शब्द प्रयोग किये जाते हैं। इन कंप्यूटरों का घरेलू उपयोग काफी बढ़ गया है क्योंकि यह बहुत महँगे नहीं होते।

2. मेन फ्रेम कंप्यूटर (Main Frame Computer)–ये काफी बड़े कंप्यूटर होते हैं तथा इन्हें चलाने के लिए वातानुकूलित बड़े कमरे की आवश्यकता होती हैं। इनकी स्मृति का आकार एक मेगा बाइट से लेकर 128 मेगा बाइट तक होता है। वे सभी कंप्यूटर जिनकी गति 50 लाख से 10 करोड़ निर्देश प्रति सेकंड की होती है, इसी श्रेणी में आते हैं। ये कंप्यूटर सभी भाषाएँ समझ सकते हैं। 32 से 64 बिट तक इनके शब्दों की लंबाई होती है। ये विज्ञान एवं व्यापार की जटिल से जटिल समस्याओं को हल कर सकते हैं। इस श्रेणी में आई.बी.एम. की 308 एक्स और 580 सीरीज, डी.ई.सी. की 1090, 10, 20 सीरीज, सायबर्स की 170 सीरीज, आई.सी.एल. की 9, हनीवैल की डी.पी.एस. 88/860,

यूनीवैल की 1100/60 सीरीज अत्यंत प्रसिद्ध हुई हैं। इन कंप्यूटरों में 100 से अधिक टर्मिनल लगाए जा सकते हैं। इनकी कीमत एक करोड़ रुपये से 10 करोड़ रुपये तक होती है।

3. मिनी कंप्यूटर (**Mini Computer**)—मिनी कंप्यूटर माइक्रो कंप्यूटर की तुलना में पाँच गुना अधिक तीव्र होते हैं। एक सेकण्ड में 5 लाख निर्देश ले सकते हैं। इनकी स्मृति 256 किलो बाइट से लेकर 12 मेगा बाइट तक होती है। ये करीब 20 लाख शब्द जमा कर सकते हैं। इनके शब्दों की लंबाई 12 से 32 बिट तक होती है। काफी बड़े पैमाने पर मिनी कंप्यूटरों का निर्माण हो रहा है। इनकी वैक्स सीरिज 8200 और 8300 काफी प्रसिद्ध रही। इसी श्रेणी के कंप्यूटर काफी महँगे रहे हैं।

4. सुपर कंप्यूटर (**Super Computer**)—सुपर कंप्यूटर दुनिया के सबसे अधिक शक्तिशाली कंप्यूटर होते हैं। 10 अरब प्रति सेकंड की तीव्रता के साथ ये निर्देश प्राप्त कर सकते हैं। इनकी स्मृति का आकार 8 मेगा बाइट से 256 मेगा बाइट तक होता हैं। इन कंप्यूटरों में मैगनेटिक बबल मेमोरीज और चार्ज कपल्ड डिवाइसिज (C.C.D.) प्रयोग किये जाते हैं।

चित्र : सुपर कंप्यूटर

क्रे-1 (Cray - 1) विश्व का प्रसिद्ध सुपर कंप्यूटर है। यह चित्र में दिखाया गया है। क्रे-2 एवं क्रे-3 भी जाने-माने सुपर कंप्यूटर हैं। ये कंप्यूटर एक सेकंड में 10 अरब गणनाएँ कर सकते हैं। सायबर 205 (Cyber 205) विश्व का जाना-माना सुपर कंप्यूटर है। अमेरिका ने स्टार वार कार्यक्रम में सायबर 810 और 830 नामक सुपर कंप्यूटर प्रयोग किये हैं। आने वाले समय में इससे भी अधिक शक्तिशाली कंप्यूटर बनने लगेंगे।

इन कंप्यूटरों के अलावा और भी कंप्यूटर हैं, जो ऑफिसों में प्रयोग किये जा रहे हैं। पर्सनल कंप्यूटर (P.C.), वर्ड प्रोसेसर और घरेलू कंप्यूटरों का चलन काफी बढ़ गया है। इनकी जानकारी नीचे दी गई है :

पर्सनल कंप्यूटर (P.C.)--इस तरह के कंप्यूटर व्यक्तिगत कार्यों में प्रयोग किये जाते हैं। सामान्यतः ये घरेलू कार्यों में और व्यापारों में प्रयोग किये जाते हैं। इनका मूल्य 25-30 हजार रुपये होता है। इन्हें बेसिक प्रोग्रामिंग द्वारा शिक्षा, व्यापार, खेल और दूरसंचार आदि कार्यों में प्रयोग किया जा रहा है। 64 किलो बाइट से लेकर एक मेगा बाइट तक की मेमोरी इन कंप्यूटरों में उपलब्ध है। इन कंप्यूटरों को सरकारी कार्यालयों, कॉलेजों और अनुसंधान केन्द्रों में प्रयोग किया जा रहा है। आई.बी.एम. के 100 से भी ज्यादा ब्रांड आज उपलब्ध है।

घरेलू कंप्यूटर--ये छोटे कंप्यूटर होते हैं और छोटे-मोटे घरेलू कार्यों में बच्चों द्वारा प्रयोग किये जाते हैं। इनकी स्मृति 8 से 64 किलो बाइट तक होती है। इनसे 'कंप्यूटर गेम' खेले जा सकते हैं। इनकी कीमत 5 से 10 हजार तक होती है। घरेलू कंप्यूटरों में ZX-81 सिंकलेयर स्पैक्ट्रम, DRS-80 आदि प्रसिद्ध कंप्यूटर हैं, जिन्हें बच्चे बड़े चाव से प्रयोग करते हैं।

वर्ड प्रोसेसर (Word Processor)--इस तरह के कंप्यूटर प्राइवेट और सरकारी कामों में अत्यंत उपयोगी सिद्ध हो रहे हैं। इन्हें टाइपराइटर की जगह टाइप करने के लिए प्रयोग किया जा रहा हैं। इनसे टाइप काफी अच्छा होता है। इनकी मदद से चिट्ठियाँ, बिल और दूसरे कागजात आसानी से टाइप किये जा सकते हैं। इनकी मदद से किसी भी दस्तावेज की मनचाही कापियाँ प्राप्त की जा

सकती हैं। ये काफी सस्ते होते हैं। इनकी मदद से दस्तावेज की स्पैलिंग भी ठीक की जा सकती हैं। ये भारतीय बाजार में कम मूल्य पर उपलब्ध हैं। इनको डेस्क टॉप पब्लिशिंग (DTP) के कार्यों में काफी ऊँचे पैमाने पर प्रयोग किया जा रहा है।

कंप्यूटर के प्रमुख गुण

कंप्यूटर के सत्यता, वेग, संचयन क्षमता एवं लचीलापन आदि कुछ विशेष गुण हैं। इनके आधार पर हम कंप्यूटरों की तुलना कर सकते हैं।

1. सत्यता–ज्यादातर कंप्यूटर अपने आप कोई गलती नहीं करते। यदि किसी कंप्यूटर से किसी संख्या को एक लाख बार गुणा करने के लिए कहा जाए तब भी कंप्यूटर कोई गलती नहीं करेगा। बिना गलती किये कंप्यूटर परीक्षाओं के परिणाम तैयार करता है और मार्कशीट बनाता है। कंप्यूटर यदि कोई गलती करता है तो यह गलती प्रोग्राम बनाने में हुई गलती के कारण होती है। यदि कंप्यूटर की अपनी सत्यता है तो वह कोई गलती नहीं करेगा। कंप्यूटर को सही निर्देश देना अति आवश्यक है।

2. वेग (Speed)–कंप्यूटरों का गणना करने का वेग काफी तेज होता है। ये एक सेकंड में हजारों-लाखों जोड़ की क्रियाएँ कर सकते हैं। ये कंप्यूटर एक सेकंड में कई हजार परीक्षा की कॉपियाँ जाँच सकते हैं। हजारों चैक क्लीयर कर सकता है। बहुत सारे टेलीफोन या बिजली के बिलों का हिसाब कर सकता है। कुछ कंप्यूटरों का इतना ज्यादा वेग होता है कि ये एक हजार करोड़ निर्देशों का पालन कर सकता है। कंप्यूटरों को खरीदते समय उनका वेग जानना अति आवश्यक है।

3. संग्रह क्षमता– कंप्यूटरों की यह विशेषता है कि वे सूचनाओं को अपनी स्मृति के आधार पर संचित कर सकते हैं। जरूरत पड़ने पर इन सूचनाओं को कंप्यूटर से पुनः प्राप्त किया जा सकता है। आँकड़ों को संचित करना और उन्हें पुनः प्राप्त करने का ऐसा गुण है, जिसके आधार पर कंप्यूटरों द्वारा रेल टिकट आरक्षण, वायुयान के टिकटों का आरक्षण आदि कार्यों को सरलता से किया जाता है। सूचनाओं को किसी भी कंप्यूटर में स्थायी रूप से संचित करना एक काफी

बड़ा गुण है। कंप्यूटर के साथ लापरवाही से पेश आना उसको हानि पहुँचाने के बराबर है।

4. लचीलापन– कंप्यूटर के उपयोग विभिन्न क्षेत्रों में किये जा रहे हैं। इसकी वजह यह है कि कंप्यूटर अपने आपमें बहुत लचीले हैं। कंप्यूटरों को एक घरेलू महिला अपने घर के कामों जैसे–घर का हिसाब-किताब रखना आदि में भी प्रयोग कर सकती है। कंप्यूटरों का उद्योगों-धन्धों में प्रयोग किया जाता है। कंप्यूटरों द्वारा चिकित्सा विज्ञान में विभिन्न प्रकार के यंत्र बनाये गये हैं। कंप्यूटर द्वारा रोबोट बनाये गये हैं जो पूरी की पूरी फैक्टरी चला सकते हैं। व्यापार, यातायात, शिक्षा, बैंक, दूरसंचार, मनोरंजन आदि अनेक कार्यों में कंप्यूटर प्रयोग हो रहे हैं।

अध्याय 7

निवेश तथा निर्गम इकाइयाँ

आँकड़ों का विश्लेषण कोई भी कंप्यूटर तभी कर सकता है जबकि इन आँकड़ों को उस भाषा में बदल दिया जाये, जिसे कंप्यूटर समझता है। इनपुट प्रक्रम इन आँकड़ों को इलेक्ट्रॉनिक स्पन्दों में बदलता हैं, जिनका CPU द्वारा विश्लेषण किया जाता है। कंप्यूटर की निवेश निम्न आधार पर नीचे दी गई हैं :

निवेश इकाइयाँ (Input Devices)

1. की बोर्ड (Key Board)– कंप्यूटर का की-बीर्ड टाइपराइटर के की बोर्ड के काफी समान होता है। कुछ इसमें विशेष कुंजियाँ होती हैं, जो कंप्यूटर को निर्देश देने का काम करती हैं। कंप्यूटर के की बोर्ड में समानांतर पंक्तियाँ और कॉलमों में इलेक्ट्रॉनिक परिपथों के साथ माइक्रो प्रोसेसर लगे होते हैं, जो सूचनाओं को स्पन्दों में बदलते हैं। किसी कुंजी को जैसे ही दबाया जाता है वैसे ही पंक्ति या कॉलम के बीच संपर्क स्थापित ही जाता है।

यह विद्युत स्पन्द माइक्रो प्रोसेसर से होती हुई कंप्यूटर के CPU में पहुँचती हैं। चित्र में कंप्यूटर का की बोर्ड दिखाया गया है। सभी कंप्यूटरों के की बोर्ड एकदम एक जैसे नहीं होते, उनमें थोड़ा अंतर होता है। की बोर्ड द्वारा जो मसौदा टाइप करना होता है उसे हम टाइप करते हैं। हम गणित के निर्देश भी की बोर्ड द्वारा देते हैं की बोर्ड बहुत ही महत्त्वपूर्ण प्रक्रम है, इसमें छोटी-छोटी की होती हैं, जो कंप्यूटर को डाटा देने के लिए प्रयोग की जाती हैं।

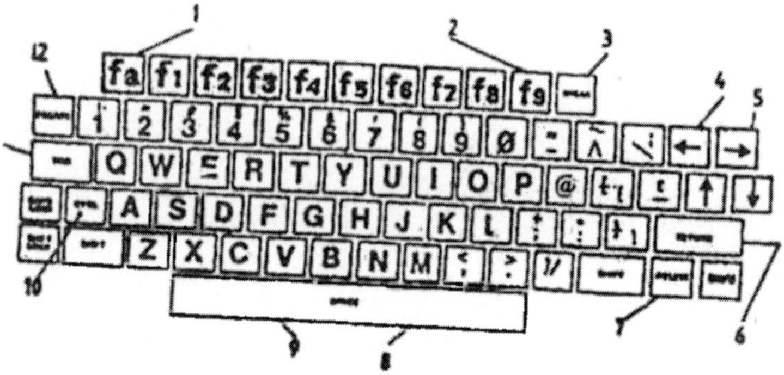

चित्र 1

की-बोर्ड में करीब (एक सौ एक) 101 से 105 तक 'की' होती हैं। ये निम्न तरह की हैं –

- अक्षरों की की–A से Z तक
- संख्याओं की की–0 से 9 तक
- डॉसरेक्ट या कर्सर की–up -down_Right ,Left_
- पन्क्चुएशन की–. , ; ' : ' "
- सिम्बल की– + /- * $ # ! @ % ^ ( ) = | ? < > { } [ ]
- स्पेशल की– Enter, Shift, Alt, Ctrl, Tab, Ins, Del, Pgup, PgDn, Home, Caps lock, Num Lock, Pause, Esc, Print Screen, Scroll Lock, End.
- Function Keys – F1, F2....F12

कंप्यूटर के की-बोर्ड पर अक्षर QWERTY क्रम में लिखे होते हैं। कंप्यूटर के सभी अक्षर कैपिटल अक्षरों में लिखे होते हैं। यदि आप कोई नाम टाइप करते हैं तो वह छोटे अक्षरों में टाइप होगा। बड़े अक्षरों में टाइप करने के लिए दो तरीके हैं–

1. शिफ्ट-की प्रयोग करके–

– शिफ्ट-की को नीचे करके होल्ड करो

– अक्षर-की की दबाओ

ऐसा करने पर आपका कैपिटल लैटर टाइप होगा। शिफ्ट-की को प्रयोग करके आप कोई भी नाम कैपिटल में टाइप कर सकते हैं। ध्यान रहे कि आपकी अंगुली शिफ्ट-की से हटनी नहीं चाहिए, सिर्फ ऐसा करने से ही अक्षर कैपिटल में टाइप होंगे।

2. कैप्स लॉक-की प्रयोग करके—

—कैप्स लॉक-की को दबाओ

—लैटर-की को दबाओ

ऐसा करने से लैटर कैपिटल में टाइप होगा।

अब आपने कैपिटल अक्षर टाइप करने के दो तरीके सीख लिए।

शिफ्ट की (Shift Key)—की-बोर्ड पर दो शिफ्ट की हैं। आप कोई-सी शिफ्ट की प्रयोग कर सकते हैं। यह दोनों की एक जैसी काम करती हैं परंतु ऑपरेशन की सुविधा के लिए ये दो की बनाई गई हैं :

– सीधे हाथ की तरफ की शिफ्ट की को बायें ओर से टाइप करते समय प्रयोग करो।

– बायीं ओर की शिफ्ट की को दबाते वक्त सीधे हाथ की की द्वारा टाइपिंग की जाती है। शिफ्ट की का प्रयोग एक लाइन में कुछ ही कैपिटल लैटर टाइप करने के लिए किया जाता है।

संख्याओं की की—इनको एल्फा न्यूमेरिक की कहते हैं। इनको दबाने पर स्क्रीन पर संख्यायें प्रदर्शित होंगी। इन संख्याओं की कीज़ (Keys) के ऊपर कुछ विशेष सिम्बल होते हैं, उदाहरण के लिए 8 की संख्या के ऊपर स्टार बना हुआ है। 7 के ऊपर एण्ड (&) का संकेत बना हुआ है।

इन संकेतों को स्क्रीन पर प्राप्त करने के लिए आप शिफ्ट की तथा नम्बर की को साथ-साथ दबाएँ। ऐसा करने पर संकेत पर्दे पर दिखाई देगा।

संख्याओं की की-बोर्ड में दूसरी जगह भी दिखाई देती हैं।

कैप्स लॉक की (**Caps Lock Key**)–इस की का प्रयोग तब किया जाता है जबकि पूरा वाक्य या पूरा शब्द कैपिटल में टाइप करना होता है। जब आप कैप्स लॉक की को दबायेंगे तो की के ऊपर हरे रंग की लाइट चमकेगी। इससे यह जाहिर होता है कि कैप्स लॉक ऑन है। स्क्रीन पर इस स्थिति में सभी अक्षर कैपिटल में दिखाई देंगे।

इसी की को यदि आप दुबारा दबाते हैं तो हरी लाइट बुझ जायेगी। इससे यह प्रदर्शित होता है कि कैप्स लॉक ऑफ हो गया है, अब सभी अक्षर छोटे अक्षरों में टाइप होंगे।

ये की-बोर्ड के सीधे हाथ की तरफ की तरह दिखाई देती हैं। इनको न्यूमेरिक की कहते हैं। इनमें कुछ की के ऊपर तीर के निशान बने होते हैं। इनको कर्सर की कहते हैं। इनकी सहायता से कर्सर की अलग-अलग दिशाओं में गति कराई जा सकती है।

कर्सर एक चमकदार सफेद स्पॉट होता है जो पर्दे पर तब दिखाई देता है जब आप टाइप करते हो। इन संख्याओं को टाइप करने के लिए या तो न्यूमेरिक कीज़ को या एल्फा न्यूमेरिक की को दबाओ।

विशेष की एण्टर की (**Enter Key**)–यह सबसे महत्त्वपूर्ण 'की' है। हर कमाण्ड टाइप करने के बाद इसे दबाना आवश्यक है। यह की भी दो जगह होती है अर्थात् एल्फा न्यूमेरिक और न्यूमेरिक कीज़ में।

1. फंक्शन की (Function Keys) – ये 12 'की' हैं, जिन पर F1,F2...F12 तक लिखा हुआ है। इनका प्रभाव उस साफ्टवेयर पर निर्भर करता है जो हम प्रयोग कर रहे हैं। उदाहरण के लिए F1 को दबाने का मतलब है कि Help स्क्रीन पर खुल गई है।

स्पेस बार की (Space bar Key)–यह की-बोर्ड की सबसे बड़ी की है। इसका प्रयोग टाइप करते समय दूरी देने के लिए किया जाता है।

डिलीट की (**Delete Key**)– इसका प्रयोग किसी अक्षर या संख्या को लाइन में से मिटाने के लिए किया जाता है।

ईएससी की (ESC Key)– यह किसी कार्यकलाप को कैन्सिल करने के लिए प्रयोग की जाती हैं।

की-बोर्ड ऑपरेशन के तरीके–कीज़ के बगैर टाइप करने को टच टाइपिंग कहा जाता है। इस तरीके में अंगुलियों की स्थिति होम पोजीशन कही जाती हैं। अंगुलियाँ अक्षर टाइप करने के बाद अपने आप अपनी स्थिति पर आ जाती हैं।

होम पोजीशन में अंगुलियों के बीच में G और H कीज़ दिखाई देती हैं।

कुछ कुंजियों के लिए अंगुलियों की स्थिति नियत होती है। सीधे हाथ के अँगूठे से स्पेस बार चालित होती है।

आठ कीज़ पर इन्डैक्स अंगुलियाँ रहती हैं। चार कीज़ पर बीच की अंगुलियाँ रहती हैं। छोटी अंगुलियाँ स्पेशल कीज़ पर रहती हैं, जैसे शिफ्ट की, टैब, एण्टर आदि।

2. जॉय स्टिक और पैडल–आजकल कंप्यूटरों का प्रयोग मनोरंजन के कार्यों के लिए बढ़ता ही जा रहा है। जॉय स्टिक और पैडल ऐसी इनपुट युक्तियाँ हैं तो कंप्यूटर द्वारा खेले जाने वाले खेलों में प्रयोग की जाती हैं। इन युक्तियों के द्वारा बच्चे कंप्यूटर के साथ खेल खेलते हैं और कंप्यूटर के पर्दे पर किसी हवाई जहाज या अंतरिक्ष यान को गतिशील करा देते हैं। कंप्यूटर का की-बोर्ड भी इस कार्य के लिए प्रयोग किया जा सकता है परंतु बच्चों को जॉय स्टिक और पैडलों से अधिक आनन्द आता है, कारण कि इन युक्तियों से बेहतर नियंत्रण हो जाता है।

जॉय स्टिक की मदद से वस्तु को किसी भी दिशा में चलाया जा सकता हैं। वस्तुओं को पैडलों द्वारा ऊपर-नीचे या दाएँ-बाएँ ही गतिशील किया जा सकता है। जॉय स्टिक के ऊपर एक फायर बटन होता है, इसके द्वारा कंप्यूटर के पर्दे पर मिसाइलें छोड़ी जा सकती हैं। इसी काम के लिए एक माइक्रो माउस होता है जो इन्हीं इकाइयों जैसा काम कर सकता है।

3. लाइट पैन यूनिट–यह युक्ति कंप्यूटर के पर्दे पर कोई चित्र या

तस्वीर खींचने के काम आती है। लाइट पैन कंप्यूटर के पर्दे पर क्रिया करता है और कोई भी रेखाचित्र खींच सकता है। लाइट पैन के द्वारा एक चमकीला प्रकाशीय बिंदु पर्दे के पीछे क्रिया करता है और उस पर कोई भी आकृति पैदा कर देता है।

4. ग्राफिक निवेश इकाई—ग्राफिक पैन द्वारा कंप्यूटर के पर्दे पर कोई भी सुंदर चित्र बनाया जा सकता है। इसमें एक चुंबकीय संवेदी तल होता है, जिस पर इलेक्ट्रॉनिक पैन द्वारा कोई भी आकृति बनाई जा सकती है। ग्राफिक पैड इलेक्ट्रॉनिक पैन की गतिविधियों के प्रति संवेदनशील होता है तथा इस पैन की गतियाँ स्पन्दों में बदल जाती हैं। इन विद्युत स्पन्दों का विश्लेषण कंप्यूटर करता है तथा उस आकृति को पर्दे पर उभार देता है। इस आकृति की कॉपी भी प्राप्त की जा सकती है।

5. ऑडियो निवेश इकाई—यह एक ऐसी इकाई है जिसके द्वारा ऑपरेटर बोलकर कंप्यूटर को निर्देश दे सकता है। ऑपरेटर माइक्रोफोन के सामने बोलता है तथा उसके द्वारा दिया निवेश कंप्यूटर में जाता है। मनुष्य द्वारा बोला गया प्रत्येक शब्द ध्वनि तरंगों के रूप में होता है, जो अंकों में बदल जाता है और कंप्यूटर की स्मृति में बिटों के रूप में संचित हो जाता है। प्रत्येक सेकंड बोले जाने वाले शब्दों के लिए हजारों बिट पैदा होते हैं। कंप्यूटर द्वारा बोली गई भाषा को समझना काफी कठिन कार्य है। व्यक्ति विशेष की भाषा कंप्यूटर की स्मृति में संचित हो जाती है और जब वही व्यक्ति कंप्यूटर के सामने बोलता है तो कंप्यूटर उन शब्दों की पहचान कर लेता है। अभी तक कोई कंप्यूटर ऐसा नहीं बना जो मनुष्य की भाषा को लगातार समझ सके। कंप्यूटर केवल कट, लाइट ऑन और फ्लैप आदि कुछ शब्दों को आसानी से समझ लेता है।

6. पंचकार्ड—पंचकार्ड का शुरू-शुरू में निवेश इकाई के रूप में प्रयोग किया जाता था। इसका विकास हरमन हॉलेरिथ ने सन् 1887 में किया था। सन् 1920 में एक बेहतर तरह का पंचकार्ड प्रयोग में आना शुरू हुआ।

एक पंचकार्ड का आकार 19 सेंटीमीटर होता है और इसकी मोटाई पोस्टकार्ड के बराबर होती है। इस कार्ड में 80 कॉलम होते हैं तथा प्रत्येक खड़े

कॉलम में 0 से 9 तक की संख्याएँ छपी होती हैं। 0 से 9 तक की संख्याओं से 10 पंक्तियाँ बन जाती हैं। कार्ड के ऊपर 11 और 12 नम्बर की दो पंक्तियाँ होती हैं

कार्ड में आँकड़ों को उचित स्थानों पर आयताकार छेद छिद्रित करके संचित किया जाता हैं। एक कार्ड में 80 संख्याएँ संचित हो सकती हैं। यदि निर्देशों की संख्या 80 से ज्यादा होती है तो दूसरा कार्ड प्रयोग करना होता है।

इस कार्ड में पहले कॉलम में प्रथम पंक्ति में एक छेद किया जाता है, जिसमें संख्या एक कॉलम में संचित हो जाती है। कॉलम दो में 9 को नौवीं पंक्ति में छेद करके संचित किया जाता है। कॉलम तीन की सातवीं पंक्ति में सात पर, कॉलम चार की नौवीं पंक्ति में भी छेद होते हैं।

इस तरह 1:9:7:9 संख्याएँ कार्ड में संचित हो जाती हैं तो 1979 संख्या को प्रदर्शित करती हैं। अंग्रेजी वर्णमाला के अक्षरों को पंचकार्ड में कैसे प्रदर्शित किया जाता है, यह तरीका तालिका 1 में प्रदर्शित किया गया है। वर्णमाला का हर एक अक्षर दो मंक्तियों के विशेष संयोग द्वारा कार्ड में छिद्रों द्वारा पंच किया जाता है। उदाहरण के लिए, अंग्रेजी अक्षर A बारहवीं पंक्ति और पहली पंक्ति में एक-एक छेद करके संचित किया जाता है। अक्षर B बाहरवीं पंक्ति और दूसरी पंक्ति में एक-एक छेद करके संचित किया जाता है।

अक्षरों, संख्याओं और दूसरे निशानों को कार्ड में संचित करने का हॉलेरिथ प्रक्रम तालिका 1 में दर्शाया गया है। इस तालिका का प्रयोग करके पाँच अक्षरों और संख्याओं को कार्ड में संचित किया जा सकता है।

कार्ड को छिद्रित करने हेतु मशीन प्रयोग में लायी जाती है, जिसे पंच मशीन कहते हैं। इस मशीन का की बोर्ड टाइपराइटर की तरह होता है, जिसमें छेद करने के लिए एक छोटा-सा यंत्र होता है। जब किसी अक्षर या संख्या के लिए सही की को दबाया जाता है तो यह यंत्र कार्ड में वांछित स्थान पर छेद करके कार्ड को एक कॉलम आगे बढ़ा देता है। पंचकार्डों को कार्ड रीडर नामक मशीन के द्वारा पढ़ा जाता है और उस पर छिद्रित आँकड़ों को कंप्यूटर की स्मृति में भेज दिया जाता है। कार्ड रीडर एक मिनट में 100 से 2000 तक कार्ड पढ़

सकता है। पंचकार्डों का प्रयोग किसी परीक्षा के नतीजों को तालिकाबद्ध रूप में प्रदर्शित करने के लिए किया जाता है।

पंचकार्डों के साथ कुछ असुविधायें होती हैं, जैसे यह आकार में बड़े होते हैं। यदि पंच करते समय कोई गलती हो जाती है तो उसे सुधारा नहीं जा सकता बल्कि उसकी जगह दूसरा कार्ड ही प्रयोग करना पड़ता है। आजकल पंचकार्डों का प्रयोग दिन-प्रतिदिन कम होता जा रहा है।

7. पंच पेपर टेप—पेपर टेप रीडर टेप में अंकित सूचना को पढ़कर कंप्यूटर तक भेजता है। पेपर टेप कागज की पतली लम्बी पत्ती होती है जो रील के रूप में होती है। इस टेप में आंकड़ों को गोल छेदों के रूप में अंकित किया जाता है। गोल छेद करने वाली मशीन टाइपराइटर की तरह होती है। अक्षरों की संख्याओं को विभिन्न पंक्तियों में छिद्रित किया जाता है। पेपर टेप के कोड पंचकार्डों से अलग होते है। इनमें सूचनाओं का संचय 5, 7, या 8 चैनलों में किया जाता है। इनका चलन भी अब करीब-करीब समाप्त हो चला है। चित्र में 5 और 8 चैनलों वाली पंच पेपर टेप दिखाई गई है।

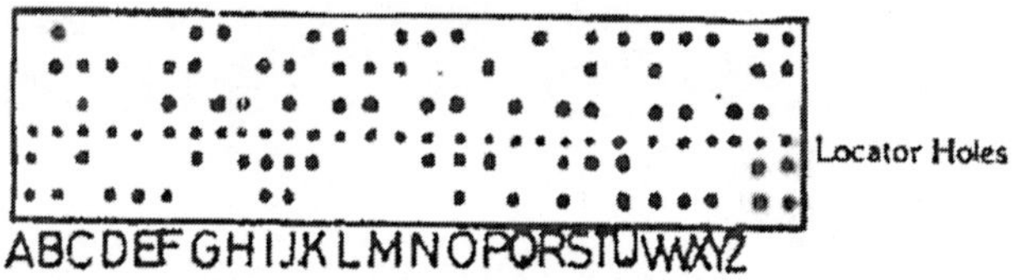

चित्र 2

8. चुम्बकीय या मैगनेटिक टेप—मैगनेटिक टेप का प्रयोग संचय युक्तियों के रूप में किया जाता है। ये निवेश, निर्गम (output) दोनों ही रूपों में प्रयोग की जाती हैं। इनकी गति काफी तीव्र होती है। मैगनेटिक टेप ऑडियों टेप की तरह प्लास्टिक की पतली पट्टी होती है, जिस पर आयरन आक्साइड की परत चढ़ी होती है। विद्युत क्षेत्र द्वारा आयरन आक्साइड चुम्बकित हो जाता है। इन टेपों पर आँकड़ों को सात या नौ पंक्तियों में अंकित किया जाता है।

9. चुम्बकीय डिस्क—मैगनेटिक या चुम्बकीय डिस्क निवेश और निर्गम दोनों ही कामों में प्रयोग की जाती हैं। चुम्बकीय डिस्क एक ग्रामोफोन रिकार्ड

की तरह होती है। इस पर चुम्बकीय पदार्थ की तह चढ़ी होती हैं। यह 18 हजार और 36 हजार प्रति मिनट की दर से घूमती है। इस पर वृत्ताकार रूप में 5200 खाँचे होते हैं। आयरन आक्साइड को चुम्बकित करके इस पर आँकड़े अंकित किये जाते हैं। इन डिस्कों को पैक के रूप में रखा जाता है। एक पैक में 20 लाख से 10 करोड़ तक अक्षर अंकित हो सकते हैं। इन पर आँकड़ों को काफी लम्बी अवधि तक सुरक्षित रखा जा सकता है। इनका मूल्य मैगनेटिक टेप की तुलना में 20 गुना ज्यादा होता है।

10. चुम्बकीय ड्रम— जैसा कि नाम से जाहिर है, इस ड्रम का व्यास 30 सेंटीमीटर और लंबाई 20 सेंटीमीटर होती है। इसका आकार एक बेलन की तरह होता है। यह बड़ी तेजी के साथ घूमता है और इस पर रेखाओं के रूप में आँकड़े अंकित होते हैं।

11. फ्लोपी डिस्क— फ्लोपी डिस्क ग्रामोफोन के जैसा लगता है। इसका व्यास 20 सेंमी. होता है। इस पर आयरन आक्साइड की एक पतली परत चढ़ी होती है। यह बहुत नाजुक होती है, इसीलिए इन डिस्कों को मोटे कागज के लिफाफे में रखा जाता है। इसी लिफाफे में रखे-रखे डिस्क को घुमाया जा सकता है। एक डिस्क में आँकड़ों की 73 रेखाएँ होती हैं और हर रेखा के 26 सेक्टर होते हैं। हर एक सेक्टर में कंप्यूटर के 64 शब्द आ सकते हैं। जैसे टेपरिकार्डर में टेप को डाला और निकाला जा सकता है, उसी आसानी से फ्लोपी को कंप्यूटर में डाला और निकाला जा सकता है फ्लोपी डिस्क इनपुट और आउटपुट दोनों का काम करती है।

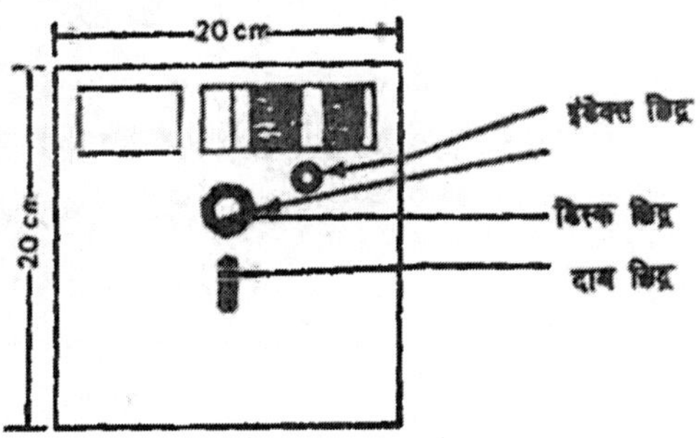

चित्र 3

12. मैगनेटिक इंक करेक्टर रीडर–इस प्रकार की युक्ति में चुम्बकित हो जाने वाली एक स्याही होती है। इस युक्ति के द्वारा कोई भी अक्षर या संख्या या की ली जाती है। चुम्बकीय स्याही में आयरन आक्साइड के छोटे-छोटे कण होते हैं। जब किसी दस्तावेज की चुम्बकीय क्षेत्र से गुजारा जाता है तो अक्षर या संख्याएँ चुम्बकित होकर मुद्रित हो जाती हैं।

13. आप्टीकल मार्क रीडर (OMR)– यह रीडर एक ऐसी युक्ति है, जिसे इनपुट के रूप में प्रयोग किया जाता है। पेन्सिल से परीक्षा प्रश्नपत्रों में लगाए गए निशानों को यह रीडर क्षणभर में छाँट लेता है। किसी परीक्षा में 'प्रज्ञा परीक्षण' में यह युक्ति प्रयोग में लाई जाती है। हर एक प्रश्नपत्र में एक निश्चित चौकोर स्थान होता है, जिसमें सही उत्तर पर विद्यार्थी एक पैंसिल से निशान लगाता है। जैसे ही उत्तरपत्र रीडर के आगे से गुजरता है उस पर प्रकाश की एक पतली किरण डाली जाती है। सही उत्तर से निकलने वाला प्रकाश गलत उत्तर की तुलना में अलग होता है। रीडर सही उत्तर का पता लगा लेता है और उसको सही मान लेता है। रीडर की मदद से एक घंटे में एक हजार पुस्तिकाएं जाँची जा सकती हैं। यह युक्ति उन परीक्षाओं के लिए बहुत उपयोगी सिद्ध हुई है जिनमें बहुत ज्यादा संख्या में विद्यार्थी परीक्षा देते हैं। संघ लोक सेवा आयोग की परीक्षाओं में यह युक्ति प्रयोग की जाती है।

14. आप्टीकल करेक्टर रीडर (OMR)–इस युक्ति का प्रयोग भी परीक्षा-पत्रों की जाँच के लिए किया जाता है। इसके द्वारा भी छपे हुए कागजों पर छपे हुए अंकों और अक्षरों को पढ़ा जाता है। यह एक विद्युत प्रकाशीय प्रक्रम है जो एक प्रकाश स्रोत की मदद से अक्षरों की बनावट को पहचानता है। प्रकाश स्रोत से आने वाला प्रकाश दस्तावेज पर पड़ता है और दस्तावेज से गुजरने वाला प्रकाश एक फोटो सेल पर पड़ता है। यह फोटो सेल इस प्रकाश को विद्युत संदेशों में बदल देता है तथा इन विद्युत संदेशों का विश्लेषण करके यह पता लग जाता है कि उत्तर सही है या गलत। यह रीडर एक मिनट में 6000 तक दस्तावेजों को जाँच सकता है। यह रीडर बिजली, टेलीफोन के बिल और जीवन बीमा निगम के कागज तैयार करने के लिए प्रयोग किये जाते हैं।

निर्गम युक्तियाँ (Output Devices)

जिन युक्तियों द्वारा कंप्यूटर के दिये गये आँकड़ों का विश्लेषण किया जाता है या उन्हें पढ़ने और समझने योग्य बनाया जाता है, उन्हें आउटपुट प्रक्रम या युक्ति कहते हैं। निर्गम युक्तियों द्वारा दिखाए गये परिणामों को कोई भी ऑपरेटर आसानी से पढ़ लेता है और समझ लेता है। इस शीर्षक में उन युक्तियों की चर्चा नहीं की गई है जो इनपुट और आउटपुट दोनों में ही प्रयोग होती हैं।

1. विजुअल डिस्प्ले यूनिट (VDU)—यह इकाई अत्यंत उपयोगी और महत्त्वपूर्ण है (चित्र 7.21) इसे निवेश और निर्गम दोनों ही रूपों में प्रयोग किया जाता है। इसमें एक ही बोर्ड होता है जो टाइपराइटर के जैसा होता है। इसमें एक कैथेड रे ट्यूब का पर्दा होता है, जिस पर अंक और अक्षर दोनों ही प्रदर्शित होते हैं। इस प्रक्रम का प्रयोग करना काफी सरल होता है।

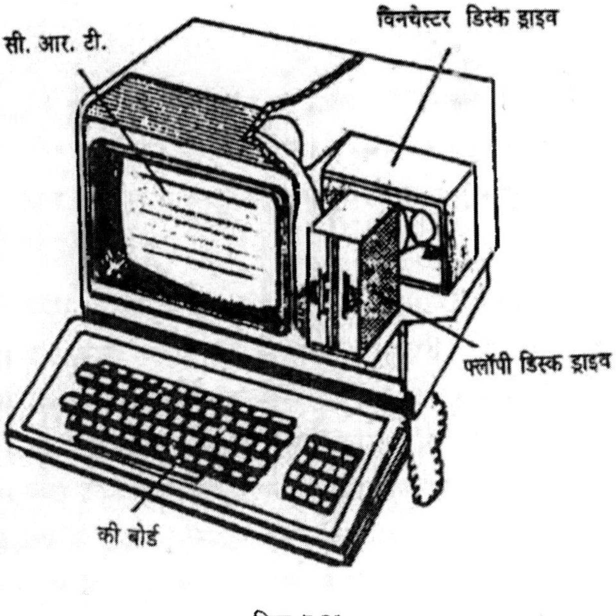

चित्र 7.21

सभी आँकड़े इसके पर्दे पर ऐसे दिखाई देते हैं जैसे टी.वी. स्क्रीन पर दिखाई देते हैं। पर्दे पर एक लाइन में 80 अक्षर या संख्याएँ प्रदर्शित की जाती हैं तथा पर्दे पर ऐसी 20 से 40 पंक्तियाँ आ सकती हैं। जैसे टेलीविजन की तस्वीर को हम अधिक और कम चमकीला कर सकते हैं वैसे ही इस पर प्रदर्शित आँकड़ों की चमक को कम या ज्यादा किया जा सकता है। इस युक्ति की गति बहुत काफी होती है। इस पर्दे का संबंध की बोर्ड के साथ होता है, ताकि कोई भी अक्षर या संख्या जो टाइप की जाती है, तुरंत ही पर्दे पर प्रदर्शित हो जाती है।

2. ग्राफिक निर्गम इकाई—कंप्यूटर द्वारा बनाये गए परिणाम एक ग्राफिक प्लाटर द्वारा भी प्रदर्शित किये जा सकते हैं। इन प्लाटरों में एक पैन होता है, जो एक ग्राफ पेपर पर 10 से 300 चरण प्रति सेकंड की दर से आँकड़ों को प्रदर्शित करता है।

ग्राफिक टेबलेट भी निर्गम युक्ति के रूप में प्रयोग की जाती है। एक इलेक्ट्रानिक पैन द्वारा इस टेबलेट की सतह पर परिणाम लिखे जाते हैं। यह परिणाम कंप्यूटर के टी.वी. स्क्रीन पर प्रदर्शित हो जाते हैं। यह टेबलेट आयताकार या वर्गाकार रूप में होती हैं। इनका आकार 1.25 से.मी. से 1.5 सेमी. तक होता है।

3. ध्वनि निर्गम युक्ति—मनुष्य की आवाज को द्विआधारी कोड में तोड़कर कंप्यूटर की स्मृति से संचित किया जा सकता हैं। ध्वनि निर्गम इकाई इन अंकीय आँकड़ों को ध्वनि तरंगों में बदलती है तथा इस तरह द्विआधारी कोड फिर से मनुष्य की आवाज में बदल जाता है।

मुद्रण युक्तियाँ– कंप्यूटर द्वारा तैयार किये गये परिणामों को मुद्रित रूप से प्रदर्शित करने के लिए विभिन्न युक्तियाँ प्रयोग में लाई जा रही हैं। ये बड़ी प्रभावशाली युक्तियाँ हैं। इनमें अक्षर और संख्याएँ टाइप किये हुए रूप में प्राप्त हो जाती हैं। टेली टाइप प्रिण्टर जो परिणामों को टाइपराइटर की तरह टाइप करता है, परंतु इनकी गति बड़ी धीमी होती है। यह ज्यादा से ज्यादा 600 अंक या अक्षर प्रतिमिनट की दर से टाइप कर सकती है।

व्हील प्रिण्टर यह घूमकर टाइप करता है। इसमें 120 पहिये होते हैं और हर एक पहिये में 48 संख्याएँ या अक्षर होते हैं। पहिये के एक चक्कर में 120 अक्षरों या संख्याओं वाली एक पंक्ति छप जाती है। इस युक्ति से एक मिनट से 150 पंक्तियाँ छप जाती हैं। यह युक्ति काफी उपयोगी साबित हुई हैं।

चेन प्रिण्टर में कई जंजीरें होती हैं। ये जंजीरें क्षैतिज रूप में गति करती हैं। हर अक्षर या अंक के विपरीत दिशा में एक चुम्बकीय हथौड़ा होता है, जो अक्षरों और अंकों को छापता जाता है।

बेलनाकार युक्ति भी कंप्यूटर के आउटपुट की छापने के लिए प्रयोग की जाती है। इस युक्ति में एक ठोस बेलनाकार ड्रम होता है जिस पर अक्षर और संख्याएँ उभरे हुए रूप में होती हैं। मुद्रण के लिए ड्रम स्थिर वेग से घूमता है। कागज के पीछे एक हथौड़ा होता है, जो छापे जाने वाले अक्षर से टकराता है। इस युक्ति द्वारा एक मिनट में अक्षरों की 1500 पंक्तियाँ तथा अंकों की 300 पंक्तियाँ मुद्रित की जा सकती हैं।

कंप्यूटर के आउटपुट को छापने के लिए ऐसी युक्तियाँ भी विकसित कर ली गयी हैं, जो बड़ी तीव्रता के साथ पृष्ठ को मुद्रित करती चली जाती हैं। ये कई प्रकार की युक्तियाँ हैं। इस प्रकार के प्रिण्टरों में मुख्यतः प्रकाशीय (Optical Printer), स्थिर विद्युत मुद्रक (Electrostatic Printer), विद्युत उष्मीय मुद्रक (Electrothermal Printer) और लेसर मुद्रक (Laser Printer) आदि मुख्य हैं।

सन् 1975 में लेसर मुद्रक का विकास I.B.M. द्वारा किया गया था। उष्मीय प्रिंटरों में गर्मी की चिंगारियाँ निकलती हैं, जो संवेदी कागज पर जा टकराती है, काला कर देती है।

यह एक साइकिल के पहिये की रिम के आकार का होता है। इसका हर एक आरा (Spoke) किसी अक्षर या अंक के रूप में होता है। मुद्रण आउटपुट युक्तियाँ कंप्यूटर के क्षेत्र में अत्यंत ही उपयोगी साबित हो रही हैं।

तालिका 1
डाटा रिकॉर्डिंग मीडिया और इनपुट/आउटपुट

अंक	कोड	अक्षर	कोड	चिह्न	कोड
0	0	A	12-1	$	12
1	1	B	12-2	O	12-2-8
2	2	C	12-3		12-3-8
3	3	D	12-4	(	12-4-8
4	4	E	12-5		12-5-8
5	5	F	12-6	+	12-6-8
6	6	G	12-7	1	12-7-8
7	7	H	12-8	—	11
8	8	I	12-9	I	11-2-8
9	9	J	11-1	$	11-3-8
		K	11-2	*	11-4-8
		L	11-3	)	11-5-8
		M	11-4	;	11-6-8
		N	11-5		11-7-8
		O	11-6	/	0-1
		P	11-7	.	0-3-9
		Q	11-8	%	0-4-8
		R	11-9	-	0-5-8
		S	0-2		0-6-8
		T	0-3	?	0-7-8
		U	0-4	:	2-8
		V	0-5		3-8

W	0-6	@	4-8
X	0-7	,	5-8
Y	0-8	=	6-8
Z	0-9	"	7-8

माउस (**Mouse**)—यह एक इनपुट युक्ति होता है, जिसे हमेशा काम करते समय एक पैड पर रखा जाता है। किसी भी माउस में दो या तीन बटन हो सकते हैं। माउस को कर्सर (Cursor) की स्थिति नियंत्रित करने तथा उसे गतिशील बनाने के लिए प्रयोग किया जाता है। इसके द्वारा कर्सर कंप्यूटर स्क्रीन पर गति कर सकता है, जब पैड के ऊपर माउस को चलाते हैं तो पर्दे पर एक तीर जैसा पाइंटर गति करता है।

यह यहाँ जान लेना आवश्यक है कि माउस का उपयोग विण्डो (Windows) वाले कंप्यूटरों में और ग्राफिकल (Graphical) सॉफ्टवेयर के साथ ज्यादा होता है। यह अत्यंत ही लाभदायक इनपुट युक्ति है। माउस के बाँ बटन को दबाकर कोई भी आँकड़ा छू सकते हो। आप दो बार क्लिक करके कोई भी सॉफ्टवेयर कंप्यूटर में चालू कर सकते हो।

अध्याय 8

कंप्यूटर का संरक्षण एवं रख-रखाव

इस बात का उल्लेख किया गया है कि कंप्यूटर को होने वाला नुकसान किस प्रकार रोका जा सकता है। कंप्यूटर सुरक्षा का अर्थ है आँकड़ों और सूचनाओं का किसी दुर्घटना या विनाश से बचाव। कंप्यूटर आँकड़ों की सुरक्षा बचाव की उन तकनीकों का विवरण करती है जो कंप्यूटर हार्डवेयर, सॉफ्टवेयर और आँकड़ों को नष्ट होने से रक्षा कर सकती है।

पर्सनल कंप्यूटर की सुरक्षा का स्तर—पर्सनल कंप्यूटर की सुरक्षा के लिए कई मैगजीनों में कई बार सुरक्षा साधनों का वर्णन आया है। कुछ पत्रिकाओं से स्पष्ट होता है कि पी.सी. (PC) के अंदर कोई आंतरिक सुरक्षा नहीं होती। पी.सी. में संचित आँकड़े ऐसे होते हैं जिनको स्विच ऑन करके पकड़ा जा सकता है। LAN को कोई भी काम करने वाला शैतान व्यक्ति या गैर जिम्मेदार व्यक्ति उसकी सूचनाओं को समाप्त कर सकता है।

सुरक्षा की शाखाएँ— सुरक्षा की विभिन्न शाखाएँ हैं, इनका विवरण नीचे दिया गया है :

1. पी.सी. से कोई भी चतुर व्यक्ति सूचनाएँ चुरा सकता है।

2. फ्लॉपियों को आसानी से तोड़ा जा सकता है। उन्हें एक स्थान से दूसरे स्थान तक ले जाते समय यह कार्य किया जा सकता है। नष्ट होने का कार्य किसी तूफान या बाढ़ आने पर भी हो सकता है।

3. पर्यावरण में तापमान और आर्द्रता, लाइन वोल्टेज ज्यादा होने पर कंप्यूटर में कुछ खराबी आ सकती है।

4. निम्न श्रेणी का मीडिया प्रयोग करने से भी आँकड़े खराब हो सकते हैं।

5. कोई भी व्यक्ति गलत काम के लिए कंप्यूटर की फ्लोपी से सूचनाओं की चोरी कर सकता है।

6. कोई व्यक्ति जो आँकड़ों की फाइलों को पढ़ने के लिए अधिकृत है, वह व्यक्ति आँकड़ों को बदल सकता है, मिटा सकता है तथा फाइलों में कुछ लिख सकता है।

7. कोई भी व्यक्ति कंप्यूटर के अंदर जाते या अनजाने वायरस लगा सकता है।

सुरक्षा के विभिन्न तरीके—सुरक्षा का सबसे अच्छा तरीका है कि आप अपने संस्थान में सुरक्षा के तरीकों के विषय में काम करने वालों को जानकारी दें। सुरक्षा के तरीकों को जान लेने के पश्चात् हम अपने कंप्यूटर को सुरक्षित रख सकते हैं। आँकड़ों का नियंत्रण काम करने वाले व्यक्तियों को अच्छी तरह पता होना चाहिए। कंप्यूटर की किसी भी युक्ति के विषय में काम करने वाले व्यक्तियों को ज्ञान होना चाहिए।

कंप्यूटर की सुरक्षा के विषय में जिम्मेदारियाँ देना ठीक रहता है। कंप्यूटर की सुरक्षा के लिए प्रशिक्षण देना आवश्यक है।

कंप्यूटर के पासवर्ड को बदलते रहना अच्छा रहता है।

कंप्यूटर सुरक्षा की रोकथाम हेतु तौर-तरीकों को जानना अत्यंत आवश्यक है। कंप्यूटर की सुरक्षा के विषय में कौन व्यक्ति शैतानी कर सकता है या सुरक्षा को भंग कर सकता है, यह जानना आवश्यक है। वैसे तो सुरक्षा को तोड़ने वालों को जानना बहुत मुश्किल है।

जो लोग कंप्यूटर पर बुरे प्रभाव पड़ने पर जान लेते हैं उन्हें इन बुरे प्रभावों को जितना हो सके, कम करना चाहिए।

हम अब PC प्रयोग करने वाले व्यक्तियों को मशीन और आँकड़ों की सुरक्षा के लिए कुछ उपाय बता रहे हैं।

कंप्यूटर की भौतिक सुरक्षा के ये तरीके दफ्तरों में PC इस्तेमाल होने वाले स्थानों के लिए है। सुरक्षा के तरीके हैं–

- PC को भौतिक तरीके से बोल्ट कर देना चाहिए ताकि कोई भी व्यक्ति इसे उठाकर दूसरी जगह न ले जाये।
- PC ऐसे स्थान पर रखो ताकि प्रयोग करने वाला व्यक्ति इसके पास आराम से न जा सके, परंतु किसी भी व्यक्ति की नजरों से यह छुपा होना चाहिए।
- फ्लोपी रखने के लिए ऐसा कबर्ड होना चाहिए, जिसमें सदा ही ताला लग सके। ताला सिर्फ प्रयोग करते समय ही खोलना चाहिए।
- कंप्यूटर का की-बोर्ड और PC में ताला लगाकर रखना चाहिए, ताला खोलने पर ही कंप्यूटर का प्रयोग संभव होना चाहिए।
- प्रयोग होने वाली सभी फ्लोपियों का रिकार्ड होना चाहिए, जो फ्लोपी प्रयोग नहीं हो रही है, उसे संस्था के अंदर नहीं आने देना चाहिए।
- वे कमरे PC के लिए प्रयोग करने चाहिए जिनमें ताला लग सके। कमरा छोड़ते समय ताला लगाना काफी जरूरी है। चाहे आप थोड़ी देर के लिए भी कमरे से बाहर जा रहे हों, तो भी ताला लगाकर ही बाहर जाना चाहिए।
- सर्वर (Server) और गेटवे (Gateway) आदि के लिए यही बातें लागू होती हैं।

मौसम के अनुसार कंप्यूटर की सुरक्षा पर्यावरण परिस्थितियाँ– पर्सनल कंप्यूटर अत्यंत मजबूत होते हैं तथा बदलते तापमान, नमी तथा वोल्टेज को सहन कर सकते हैं, फिर भी निम्नलिखित सावधानियाँ बरतना जरूरी है–

- कंप्यूटर के पास तापमान और नमी नापने के साधन होने चाहिए।
- अगर आपके ऑफिस में वोल्टेज कम-ज्यादा होती रहती है और Spike आने का डर रहता है, तो कमरे में स्टेबलाइजर होना आवश्यक है।
- कंप्यूटर के पास में धूल और कागजों के टुकड़े जमा नहीं होने चाहिए।
- बिजली के प्लग सॉकिटों में ठीक से फिट होने चाहिए। केवल लटकने वाले नहीं होने चाहिए।
- की बोर्ड को प्लास्टिक के कवर से ढककर रखना चाहिए।
- कमरे को नियमित रूप से वैक्यूम क्लीनर से साफ करना चाहिए।

सॉफ्टवेयर सुरक्षा–

- अपने कंप्यूटर का सॉफ्टवेयर किसी दूसरे व्यक्ति को इस्तेमाल नहीं करने देना चाहिए।
- कंप्यूटर बंद करने का सही तरीका प्रयोग में लाना चाहिए।
- आपके कंप्यूटर का पासवर्ड पर्दे पर दिखाई नहीं देना चाहिए।
- सभी फाइलों का बैकअप रखना चाहिए।

वायरस से सुरक्षा–

- कंप्यूटर पर कोई बाहर का प्रोग्राम प्रयोग न करें।
- सभी काम करने वालों का वायरस के प्रति ज्ञान होना जरूरी है।
- बाहरी बोर्डों से कंप्यूटर को इन्टरफेस न करें।
- कंप्यूटर को वायरस के लिए चैक करते रहें।

नेटवर्क सुरक्षा– नेटवर्क सुरक्षा हेतु निम्नलिखित सावधानियाँ बरतनी चाहिए।

- ❐ कंप्यूटर में शील्ड नेटवर्क केबल प्रयोग करना चाहिए।
- ❐ सर्वरों को लोगों से अलग रखना चाहिए। नेटवर्क प्रयोग करते समय सर्वर को बैक ग्राउण्ड मोड में रखना चाहिए।
- ❐ कंप्यूटर में जहाँ तक हो सके, फाइबर ऑप्टिक केबल प्रयोग करना चाहिए।

पासवर्ड की सुरक्षा–प्रत्येक कंप्यूटर का एक पासवर्ड होता है, जो कंप्यूटर खोलने से पहले कंप्यूटर पर लगाना होता है।

केवल कंप्यूटर प्रयोग करने वाले को कंप्यूटर का पासवर्ड पता होता है। कंप्यूटर का पासवर्ड हर किसी को पता नहीं होना चाहिए। जब जरूरत होती है तभी कंप्यूटर को दोबारा से रिप्रोग्राम कर लेते हैं।

अध्याय 9

कंप्यूटर का विभिन्न क्षेत्रों में उपयोग

आज के युग में कंप्यूटर की विविध उपयोगिताएँ हैं तथा इन सभी पर विचार करना संभव नहीं। खैर, भविष्य की तो खैर कल्पना ही नहीं की जा सकती, फिर भी कुछ प्रमुख उपयोगिताओं पर हम यहाँ प्रकाश डालेंगे।

मूल रूप से आज के समय में कंप्यूटर पर किये जाने वाले कार्यों को दो श्रेणियों में विभक्त किया जा सकता है–

1. वैज्ञानिक शोध कार्य
2. वाणिज्य-व्यवसाय-संबंधी उपयोग

1. वैज्ञानिक शोध–एक समय में वैज्ञानिक शोध विकास के काल में था, जब शोध कार्य संबंधित गणना करना अत्यंत जटिल एवं उबाऊ कार्य माना जाता था। कंप्यूटर ने इस क्षेत्र में बहुत योगदान दिया है, इसी वजह से शोधकार्यों के स्तर, मात्रा में गुणात्मक वृद्धि हुई है। भौतिक, गणित, रसायन शास्त्र और यहाँ तक कि जीव विज्ञान के शोध में भी कंप्यूटर का अधिक से अधिक उपयोग हो रहा है।

2. वाणिज्य व्यवसाय में उपयोग–शुरू में कंप्यूटर अंकगणितीय गणनाओं के सलीकरण के लिए निर्मित हुए थे। आज कंप्यूटर पर होने वाला 80 प्रतिशत कार्य व्यावसायिक की श्रेणी में आता है।

इस क्षेत्र में कंप्यूटर ऑफिस में उपयोग में सबसे पहले लाये गये, यह काम चूँकि फाइलों के रूप में पहले ही काफी व्यवस्थित रूप से होता था, अतः कंप्यूटर से करवाने में विशेष परेशानियों का सामना नहीं करना पड़ा। 1954-55 के बाद में व्यावसायिक क्षेत्र में कंप्यूटरों का ज्यादा-से-ज्यादा प्रयोग होने लगा, अब अधिकांश कंपनियाँ, ऑफिस, उद्योग इत्यादि कंप्यूटर का उपयोग कर रहे हैं। एक दूसरा महत्त्वपूर्ण पहलू जो कंप्यूटर को छोटे-छोटे स्थानों तक पहुँचाने में निर्णायक रहा है वह है, कंप्यूटर टेक्नोलॉजी के तीव्र विकास के कारण उसका घटता तथा साथ ही तेजी से कम होती कीमतें।

पत्र-व्यवहार ऑफिस का हिसाब-किताब, रिपोर्ट तैयार करना इत्यादि कार्य बहुत सुविधापूर्वक ढंग से कंप्यूटर निपटा देते हैं। रिकार्ड की अपडेटिंग भी आसानी से की जा सकती है। अतः रिकार्ड ताजा बना रहता है। किसी भी समय एकदम नई सूचना उपलब्ध कराई जा सकती है। लेखा-जोखा, वेतन का हिसाब-किताब व्यक्तिगत जानकारी, विभिन्न सूचनाओं का रिकार्ड रखना, स्टाक नियंत्रण, बचे हुए माल का हिसाब-किताब, आर्थिक नीतियों की विवेचना, इत्यादि कार्य कंप्यूटर की मदद से आसनी से किए जा रहे हैं।

(क) वेतन एवं व्यक्तिगत जानकारी—कंप्यूटर द्वारा वेतन आयोग का विवरण तैयार करना इसकी बिल्कुल प्रारंभिक व्यावसायिक उपयोगिताओं में से एक है। वैतनिक विवरण में कर्मचारी से संबंधित सभी जानकारियाँ उपलब्ध कराई जाती हैं। उसका पद का नाम, मूल-वेतन, वेतन-वृद्धि का समय, पदोन्नति की जानकारी, आयकर की कटौती, विशेष भत्ते, ऋण कटौती इत्यादि सभी जानकारियाँ कर्मचारी के लिए तैयार करके कंप्यूटर को उपलब्ध कराई जाती हैं। फिर प्रत्येक माह उनकी पुनरावृत्ति की जा सकती है।

(ख) स्टॉक कंट्रोल एवं बिक्री— विक्रय के लिए मिले आर्डर, विक्रय के आय-व्यय का लेखा-जोखा, विक्रय का विश्लेषण, बाजार की घट-बढ़, भविष्य की संभावनाएँ इत्यादि के लिए कंप्यूटर का बहुतायत से उपयोग हो रहा है। कंप्यूटर सूचनाओं के आधार पर व्यापारी नियंत्रण, स्टॉक भविष्य की प्लानिंग इत्यादि कर लेते हैं।

(ग) **बैंकिंग**— बैंक ऐसे संस्थान होते हैं जहाँ लेखा-जोखा रखने का कार्य बृहत स्तर परहोता है। यहाँ जो व्यक्तिगत रिकार्ड ग्राहक के लिए बनाया जाता है वह काफी अहमियत रखता है। यह अत्यंत महत्त्वपूर्ण दस्तावेज़ होता है। इसमें से भविष्य में कभी भी सूचना माँगी जा सकती हैं। प्रायः एक बड़े कंप्यूटर को मुख्य ब्रांच में लगाया जाता है व अधीनस्थ ब्रांचों को टर्मिनल द्वारा उससे जोड़ दिया जाता हैं। कंप्यूटर द्वारा प्रत्येक ब्रांच के हर अकाउंट का ब्योरा तैयार करके रख दिया जाता है। समय-समय पर होने वाले परिवर्तनों को अर्थात् पैसा निकालने या जमा करने को तुरंत अपडेट कर लिया जाता है।

(घ) **इंश्योरेंस**—बैंकों के जैसा इंश्योरेंस कंपनियों को भी बहुत बड़ा हिसाब-किताब सँभालना होता है। कई ग्राहकों का हिसाब-किताब आजीवन मेंटेन करना पड़ता है। पॉलिसियों के समय-समय पर भुगतान इत्यादि का भी ध्यान रखना पड़ता है। जो ग्राह समय पर अदायगी न करें, उनको लगातार करना पड़ता है। कंप्यूटर इन सब कार्यों में महत्त्वपूर्ण भूमिका अदा कर रहे हैं।

(ङ) **मैनेजमेंट को मदद**— कंप्यूटर कुशल प्रबंध (Management) में भी काफी काम आ रहा है। कंप्यूटर से लाभ यह है कि इनके द्वारा नई से नई सूचना प्राप्त की जा सकती है, अतः जो निर्णय लेना होता है, वह नवीनतम सूचना पर आधारित होता है। इस वजह से निर्णय जयादा भरोसेमंद लिया जा सकता है तथा इस तरह संकटापन्न स्थिति को टाला जा सकता है।

(च) **इंजीनियरिंग डिजाइन**— इंजीनियरिंग डिजाइन एक बेहद महत्त्वपूर्ण कठिन और श्रमसाध्य विषय हैं। डिजाइन की निपुणता पर ही तैयार माल की विश्वसनीयता निर्भर करती है।

(छ) **अंतरिक्ष विज्ञान एवं मौसम की जानकारी**— आजकल अंतरिक्ष की सूचनाओं को कंप्यूटर द्वारा प्राप्त करना, फिर विश्लेषण कर निष्कर्ष निकालना काफी प्रचलित है। मौसम का नवीनतम विश्लेषण प्राप्त सूचनाओं पर किया जाता है। उसी आधार पर भविष्यवाणियाँ की जाती हैं।

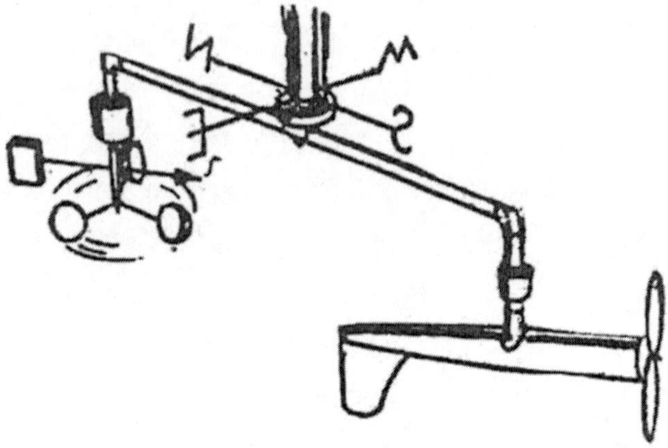

चित्र 1

यदि यह कहा जाए कि चंद्रमा पर पहुँचना सिर्फ कंप्यूटर की वजह से ही संभव हुआ तो आपत्ति नहीं होगी। रॉकेट के लिए तेजी से त्रुटिविहीन गणनाएँ करना व उनके आधार पर अपना मार्ग तय करना कंप्यूटर के द्वारा ही संभव हुआ।

(ट) **दूरसंचार**–यह एक ऐसा क्षेत्र है जहाँ कंप्यूटर काफी महत्त्वपूर्ण योगदान दे रहे हैं। हवाई यात्रा को ही लीजिए। विभिन्न उपकारण उड़ान चालक को बदलती परिस्थितियों का ज्ञान कराते हैं। यह काफी मुश्किल कार्य होता है कि सभी उपकरणों को पढ़ा जाए, विश्लेषण किया जाए व उस हिसाब से निर्णय लिया जाए। यदि गति बहुत ज्यादा हुई तो चालक का ज्यादा समय इन गणनाओं में चला जाएगा और एक्शन लेने के लिए काफी कम समय उसके पास बचेगा। ऐसी परिस्थितियों में कंप्यूटर तुरंत गणना कर यान को नियंत्रित करने का निर्देश देते हैं।

(ठ) **यातायात**–अब कंप्यूटर ने रेलवे टिकट बुकिंग व रिजर्वेशन का काम सँभाल लिया है। विकसित देशों में ट्रैफिक सिगनलिंग (Traffic Signalling) का कार्य भी कंप्यूटर कर रहे हैं।

(ड) **टेलीफोन एवं टेलीग्राम**– आज के युग में महानगरों में टेलीफोन पर व्यक्ति की निर्भरता बढ़ती जा रही है। जहाँ मानवचलित टेलीफोन एक्सचेंज

बढ़ते दबाव को झेलने में दिनो-दिन असमर्थ सिद्ध हो रहे हैं, वहीं उनके रखरखाव पर भी ज्यादा समय नष्ट करना होता है। कंप्यूटरयुक्त आधुनिक स्वचालित टेलीफोन एक्सचेंज उस नजरिए से काफी सुविधाजनक हैं। कई गुना ज्यादा भार वहन करने के बाद भी वे काफी कम समय में काम निपटा देते हैं।

उसी प्रकार टेलीग्राम के लिए भी कंप्यूटर काफी सहायक सिद्ध हुए हैं, जो टेलीग्राम कई बार रिले करने के बाद गंतव्य स्थान तक पहुँचते हैं, उनके लिए कंप्यूटर वरदान सिद्ध हुआ है। एक कंप्यूटर से कई स्थानों की लाइनें जोड़ दी जाती हैं।

(ढ) औषधालयों में उपयोग—कंप्यूटर औषधालयों में भी काफी उपयोगी सिद्ध हो रहे हैं। सामान्य उपकरणों में हॉस्पिटल का रिकार्ड रखना, दवाइयों की स्टॉक सूची रखना, उपकरणों का ब्योरा रखना इत्यादि आता है।

(ण) सरकारी कार्यालयों में उपयोग— जानकारी का एक बृहत पैमाने पर आदान-प्रदान ऑफिसों में भी होता है। उदाहरण के लिए उद्योगकर्ता अपने उद्योगों में लगी पूँजी, उसके उत्पादन, कर्मचारियों की संख्या व प्रगति के आँकड़े योजनावार रखना चाहता है। शिक्षा विभाग स्कूलों व छात्रों की संख्या पर नज़र रखना चाहता है। भूमि विकास निगम विभिन्न प्रकार की भूमि के उपयोग की जानकारी रखता है व वन विकास निगम वनों की। संक्षेप में, जानकारी इकट्ठी करना व उसका उपयोग करना प्रत्येक सरकारी विभाग का मूल कार्य है।

उद्योगों में कंप्यूटर—उद्योगों की दुनिया में कंप्यूटरों का उपयोग दिन-प्रतिदिन बढ़ता जा रहा है। कंप्यूटरों की सहायता से कारखानों में जोखिम भरे कार्य किए जाते हैं। कंप्यूटर की सहायता से धातुओं को काटना वेल्ड करना अत्यंत ही सरल कार्य हो गया है।

कंप्यूटर नियंत्रित लेथ मशीन, ड्रिल मशीन आज बाजारों में उपलब्ध है। इन मशीनों से बनने वाले कल पुर्जों की गुणवत्ता अत्यंत ही अच्छी होती है। लोहे की विशाल भट्ठियाँ जहाँ सैकड़ों टन लोहा पिघलाया जाता है, उनका नियंत्रण कंप्यूटरों से होता है। तेल शोधक कारखानों, विद्युत केन्द्रों, नाभिकीय रियेक्टरों

तथा रसायन उद्योगों में कंप्यूटरों का प्रयोग दिन-प्रतिदिन बढ़ता ही जा रहा है। सिविल इंजीनियरी में भवन निर्माण, सड़क निर्माण तथा पुल निर्माण कार्यों में कंप्यूटरों का प्रयोग किया जा रहा है। वायुयानों, जलयानों, रेल के डिब्बों आदि में कंप्यूटरों का प्रयोग किया जा रहा है। कैड-कैम द्वारा नये-नये डिजाइन बनाने में कंप्यूटरों का प्रयोग किया जा रहा है। कंप्यूटर ग्राफिक्स द्वारा कपड़ा उद्योग में विभिन्न डिजाइन तैयार किए जा रहे हैं। उद्योगों में कंप्यूटरों का सबसे बड़ा लाभ यह हुआ है कि काम करने वाले व्यक्ति का यदि ध्यान इधर-उधर भटक जाता है तो कंप्यूटर गलती नहीं करता है।

कलपुर्जे बनाते समय उनके निर्माण में अंतर आने की संभावना नहीं रहती है। कंप्यूटर से नियंत्रित मशीनों में बनने वाले सभी घटक एक जैसे होते हैं।

कंप्यूटर ऐडिड डिजाइन और कंप्यूटर असिस्टेड निर्माण कार्यों में कंप्यूटरों का प्रयोग दिन-प्रतिदिन बढ़ता जा रहा है। आज ऐसे नियंत्रण कार्य होने लगे हैं, जिनकी सहायता से कोई भी डिजाइन तैयार किया जा सकता है। कंप्यूटर द्वारा पुल का निर्माण नीचे चित्र में दिखाया गया है। कंप्यूटर में प्रयोग होने वाले कैड कैम सा‍फ्ट वेयर आज बाजार में उपलब्ध हैं।

चित्र 2

विज्ञान के क्षेत्र में ऐसी कई प्रयोगशालाएँ हैं जहाँ पर अनुसंधान कार्यों में वैज्ञानिक कंप्यूटरों का प्रयोग कर रहे हैं। कंप्यूटरों का प्रयोग अनुसंधान और विकास से संबंधित समस्याओं को सुलझाने के लिए किया जा रहा है। कंप्यूटर के विकास से पहले इन जटिल गणनाओं को हल करने के लिए बहुत लम्बा समय लग जाता था, परंतु इस विचित्र मशीन के आधार पर जटिल से जटिल और लम्बी से लम्बी गणनाओं को थोड़े समय में ही हल कर दिया जाता है।

कंप्यूटर द्वारा जीव-विज्ञान, भौतिक-विज्ञान, रसायन-विज्ञान तथा इंजीनियरी की अनेक समस्याओं को बड़ी सरलता से हल किया जा सकता है। अब कठिन से कठिन समीकरणों को हल करना एक आसान काम ही गया है। विद्यालयों और विश्वविद्यालयों में कंप्यूटरों का उपयोग एक आम बात हो गई है। अब तो अनुसंधानों के अलावा यह मशीन स्कूलों तक पहुँच गई है। जटिल से जटिल समस्याओं को हल करने में कंप्यूटरों का प्रयोग दिन-प्रतिदिन बढ़ता जा रहा है। आज विज्ञान की दुनिया में कंप्यूटर बहुत ही उपयोगी सिद्ध हो रहे हैं।

कंप्यूटरों का उपयोग यातायात की दुनिया में बड़े पैमाने पर होने लगा है। अब हमारे देश में रेल के टिकटों का आरक्षण और वायुयान के टिकटों का आरक्षण कंप्यूटर द्वारा किया जा रहा है। कंप्यूटर अपनी स्मृति में बँटे हुए टिकटों की संख्या को संचित कर लेता है। कितनी टिकटें बाकी हैं, उसका लेखा-जोखा कंप्यूटर के पास होता है। हमारे देश में रेल टिकटों की बुकिंग कंप्यूटरों द्वारा दक्षता के साथ की जा रही है। आप टिकट आरक्षण कार्यालय में जाइए तथा आरक्षण क्लर्क से किसी भी ट्रेन का टिकट बुक करने के लिए कहिए वह शीघ्र ही कंप्यूटर का बटन दबाएगा और कंप्यूटर उसे बता देगा कि ट्रेन में कोई सीट खाली है अथवा नहीं। इण्डियन एयरलाइन्स में लगा कंप्यूटर पूरे भारत के लिए तीस हजार टिकटों का आरक्षण कर सकता है। वायुयान चलाने के लिए कंप्यूटर नियंत्रित स्वचालित चालक बना लिए गए हैं, जो बिना पायलट की मदद के यान को उड़ा सकते हैं।

कॉकपिट में लगे माइक्रो प्रोसेसर वायुयान के अनेक आँकड़ों का लेखा-जोखा करते रहते हैं और पायलट को उनके विषय में जानकारी देते रहते हैं। कंप्यूटर

की मदद से कोहरे और धुंध के वातावरण में वायुयान को उतारा जा सकता है। वायुयान में लगे संवेदक उसकी ऊँचाई, दिशा, वेग आदि के आँकड़ों को कंप्यूटर को देते रहते हैं। अमरीका, जापान तथा भारत जैसे देशों में कंप्यूटर सड़कों पर दौड़ती हुई कारों के वेग का लेखा-जोखा रखते हैं। यदि कोई कार अधिकतम सीमा से ज्यादा वेग से जा रही है, तो कंप्यूटर में लगा कैमरा उसके वेग का पता लगाकर चालक को बिना पता लगे ही उसका चालान कर देता है। ऐसे कंप्यूटर युक्त कैमरा हमारे देश के महानगरों में सड़कों पर भारी संख्या में प्रयोग किए जा रहे हैं। आज ऐसी रेलगाड़ियों का विकास किया जा रहा है, जिनमें रेलगाड़ियाँ चलाने का काम कंप्यूटर करेंगे। कंप्यूटरों की मदद से वाहनों के रास्तों का निर्धारण किया जाने लगा है।

अमरीका, जापान तथा फ्रांस जैसे देशों में ऐसी कारें बन गई हैं, जिनमें चालक के स्थान पर कंप्यूटर कार्य करते हैं। इन कारों में लेसर लगा होता है, जो इस बात का निर्णय लेता है कि कार में कब ब्रेक लगाना है। लेसर से निकलने वाली किरणें कार के आगे चलने वाली गाड़ियों से टकराकर वापस ही जाती है। इसके आधार पर गाड़ी में अपने आप ब्रेक लग जाता है। इस प्रकार रेल यातायात, मोटर यातायात और वायुयान यातायात में कंप्यूटरों ने तहलका मचा दिया है। चित्र में कंप्यूटर नियंत्रित यातायात दिखाए गए हैं।

कंप्यूटरों ने व्यापार की दुनिया में तहलका मचा दिया है। कंप्यूटर सभी कर्मचारियों के वेतन का रिकार्ड रखता है। उनके वेतन का बिल बनाता है। यह कार्य कंप्यूटर क्षण-भर में कर लेता है। यदि किसी व्यापारिक संस्थान को कुछ कर्मचारियों की नियुक्ति करनी है तो उस पद के लिए आने वाले प्रार्थना-पत्रों की छँटाई का काम कंप्यूटर कर सकता है। भण्डारों में मौजूद वस्तुओं का चैकिंग कंप्यूटर कर सकता है। वह इस बात का पता लगा सकता है कि भण्डार में किस चीज की कमी है और कौन-सी वस्तु अतिरिक्त है। व्यापारिक संस्थानों में कंप्यूटर द्वारा व्यक्तियों, मशीनों, पदार्थों और धन आदि का वितरण सही तरीके से हो सकता है।

कंप्यूटर द्वारा दुकानदारी करना भी बहुत आसान कार्य है। कंप्यूटर से

आप किसी भी डिपार्टमेन्टल स्टोर में जाकर वस्तुओं का चयन कर सकते हैं। उसके बाद कंप्यूटर ही उन वस्तुओं का बिल बना देता है और आप सारा सामान एकत्रित करके ला सकता है। इस प्रकार व्यापार संस्थानों में कंप्यूटरों ने तहलका मचा दिया है।

कंप्यूटर नियंत्रित प्रणालियों ने व्यापार की दुनिया में नये-नये आयाम हमारे सामने पेश किए हैं। कंप्यूटरों की सहायता से व्यापारिक संस्थानों में सभी रिकार्ड रखे जा सकते हैं। कार्यालयों में सभी सूचनाएँ कंप्यूटर की स्मृति में डाली जा सकती हैं।

होटलों और दुकानों के बिल कंप्यूटरों द्वारा तैयार किए जाने लगे हैं। व्यापार के क्षेत्र में कंप्यूटर बहुत ही उपयोगी सिद्ध हो रहे हैं। वह दिन दूर नहीं जब कंप्यूटर की सहायता से सभी व्यापारिक काम आसान हो जाएँगे।

संचार साधनों के विकास में कंप्यूटर के प्रयोग ने एक क्रांति पैदा कर दी है। आज टेलीफोनों में डिजिटल नम्बर लग गए हैं। आज की दुनिया में कंप्यूटर युक्त टेलीफोन बन गए हैं। टेलीग्राम प्रणालियों में कंप्यूटर का प्रयोग दिन-प्रतिदिन बढ़ता जा रहा है। किसी भी संदेश को कंप्यूटर की भाषा में बदलकर सूक्ष्म स्पंदों के रूप में भेजा जा सकता है। कंप्यूटर की मदद से आज की दुनिया में मोबाइल टेलीफोन काम कर रहे हैं। कंप्यूटर की सहायता से किसी भी डिजीटल सूचना को हैण्डिल किया जा सकता है।

कंप्यूटर की मदद से हम फैक्स सूचनाएँ भेज सकते हैं और प्राप्त कर सकते हैं। कंप्यूटर से फैक्स सूचनाओं को बड़ी तेजी के साथ भेजा जा सकता है और प्राप्त किया जा सकता है।

आने वाले समय में किसी भी डायरेक्टरी की इन्क्वायरी की जा सकती है। आने वाले समय में टेलीफोन पर कोई भी प्रोग्राम पैदा किया जा सकता है। इस प्रकार कंप्यूटर द्वारा नियंत्रित टेलीफोन प्रणालियों में क्रांति पैदा हो रही है।

बैंकों की दुनिया में कंप्यूटरों का उपयोग दिन-प्रतिदिन बढ़ता जा रहा है। बैंकों के सभी बही-खाते अब कंप्यूटरों द्वारा पूरे होने लगे हैं। कंप्यूटर की

सहायता से बैंकों के खाते संयोजित किए जाते हैं। किसी भी खाते का पैसा दूसरे खाते में जमा किया जा सकता हैं।

कंप्यूटरों से चैक क्लीयरिंग का काम किया जाने लगा है। एक मिनट में एक कंप्यूटर 3000 चैक क्लीयर कर सकता है। हमारे खाते के पैसे का स्टेटमेंट कंप्यूटर द्वारा ही तैयार किया जा रहा है। हमारे देश में ज्यादातर राष्ट्रीयकृत बैंकों के चैक अब कंप्यूटर द्वारा ही प्रोसेस होते हैं।

बहुत से लोग क्रेडिट कार्डो की सहायता से देश-विदेश में दुकान से कोई भी सामान खरीद सकते हैं और बेच सकते हैं। क्रेडिट कार्ड को कंप्यूटर में भेजकर दुकानदार बैंक से अपना पैसा प्राप्त कर सकता है। बैंकों के दूसरे कार्यों में कंप्यूटर प्रयोग होने लगा हैं।

बैंकों में कंप्यूटर वरदान साबित हो रहे हैं। इलेक्ट्रानिक बैंकिंग बहुत ही प्रभावशाली तरीका बन गया है। आप बटन दबाकर बैंक से पैसा निकाल सकते हैं और जमा कर सकते हैं।

कंप्यूटर ने पिछले 30 वर्षों में चिकित्सा विज्ञान में तहलका मचा दिया है। आयुर्विज्ञान में कंप्यूटरों ने नई-नई दिशाओं को जन्म दिया है। आज की दुनिया में कंप्यूटर का प्रभाव अनुसंधानों और औषधि शास्त्र में ऊँचे पैमाने पर किया जा रहा हैं। कंप्यूटरों ने मशीनों की गुणवता को कई गुना बढ़ा दिया है।

आज मस्तिष्क और पेट के रोगों का पता लगाने में कैट-स्कैनर बड़े प्रभावशाली सिद्ध हुए हैं। कैट-स्कैनर की सहायता से फेफड़ों, गुर्दो, मस्तिष्क, जिगर तथा पेट के रोगों का पता लगाना अत्यंत ही आसान हो गया है। कैट शब्द कंप्यूटराइज्ड एक्सियल ट्रोमोग्राफी का छोटा रूप है। इस मशीन में हल्की एक्स किरणें प्रयोग की जाती हैं। मशीन में एक स्टैचर होता हैं जिसकी सहायता से रोगी को आगे-पीछे खिसकाया जा सकता है। कंप्यूटर की मदद से प्रभावित हिस्से पर एक्स किरणें डाली जाती हैं। एक्स किरणें शरीर के प्रभावित भाग से होती हुई कुछ डिटेक्टरों पर पड़ती हैं। 300 एक्स किरण स्पंद 300 डिटेक्टरों पर पड़ती हैं तथा एक सेकिण्ड में 90,000 गणनाएँ होती हैं। टी.वी. स्क्रीन पर कंप्यूटर इमेज बनती है, जो मस्तिष्क की असामान्यताओं का विश्लेषण करती

हैं। कंप्यूटर स्क्रीन पर तीन दिशाओं वाला चित्र उभरता है, जिससे शरीर के रोगों का पता लगाया जा सकता है। कैट-स्केनर द्वारा मस्तिष्क में हुए पक्षाघात का पता लगाया जा सकता है। कैट-स्केनर की मदद से गुर्दे की पथरी, पेट के विकारों और दूसरे रोगों का पता लगाया जा सकता है। आज दुनिया के सभी बड़े-बड़े अस्पतालों में कैट-स्केनर लगे हुए हैं। हमारे देश के दिल्ली, मुम्बई, चेन्नई, कोलकाता, बंगलौर आदि में सैकड़ों मशीनें लगी हुई हैं। एक रोगी का एक बार स्कैन करने का खर्चा एक हजार रुपये के आस-पास आता है। रोगी के रोग का पता लगाकर उसकी उचित चिकित्सा की जा सकती है।

कंप्यूटर पर आधारित एन.एम.आर. स्केनर बना लिए गए हैं। ये कैट-स्केनरों से अधिक बेहतर हैं।

एक स्केनर की सहायता से रोगी के शरीर में एक मिलीमीटर आकार की रसौली का पता लगाया जा सकता हैं। यह बहुत ही प्रभावशाली यंत्र है। इसकी सहायता से पेट के रोगों, दिल के रोगों और मस्तिष्क के रोगों का पता लगाया जा सकता है। हमारे देश के बड़े-बड़े शहरों जैसे मुम्बई, दिल्ली, कोलकाता, चेन्नई आदि में कई एन.एम.आर. स्केनर लगे हुए हैं।

आज की दुनिया में पैट-स्कैनिंग(P.E.T.) अत्यंत ही प्रभावशाली तरीका बन गया है, जिसकी सहायता से मस्तिष्क के अनेक रोगों का पता लगाया जा सकता है। इस यंत्र में रेडियोधर्मी पदार्थ इस्तेमाल किए जाते हैं। रेडियोधर्मी आइसोटोप पोजीट्रान पैदा करते हैं, जो इलेक्ट्रानों के साथ मिलकर गामारेफोटोन पैदा करते हैं। इन्हें गामारे-कैमरा द्वारा बीमारी का पता लगाने में प्रयोग किया जाता है। इस यंत्र द्वारा मस्तिष्क के छोटे-से-छोटे विकारों का पता लगाया जा सकता है।

हृदय रोगों का एंजिओग्राफी द्वारा पता लगाया जाता है। एंजिओग्राफी में कंप्यूटरयुक्त मशीन प्रयोग की जाती है। इस मशीन द्वारा हृदय रोगों का पता लगाया जाता है। इस यंत्र द्वारा रक्तवाहनियों का रक्त संचार पता लगाया जाता है।

कंप्यूटर से हृदय-विकारों का पता लगाकर बाईपास शल्य चिकित्सा की जाती है। एंजिओग्राफी द्वारा उच्च रक्तचाप और दूसरे विकारों का पता लगाया जा सकता है।

अल्ट्रासाउण्ड पेट के विकारों, गर्भाशय के विकारों तथा दूसरे रोगों का पता लगाने में बहुत ही प्रभावशाली साबित हुआ है। इस यंत्र द्वारा गर्भ में पल रहे बच्चे का लिंग पता किया जा सकता है। अल्ट्रासाउण्ड का तरीका कम खर्च वाला तरीका है, इसमें कोई शारीरिक हानि भी नहीं होती है। इस यंत्र की मदद से गाल ब्लैडर की समस्याओं का पता लगाया जा सकता है। छोटे बच्चे की इस मशीन द्वारा अस्पतालों में देखभाल की जा सकती है।

एड्स जैसे भयानक रोग का पता कंप्यूटर द्वारा लगाया जा सकता है। मुम्बई के जसलोक अस्पताल में इस रोग की जाँच की जाती है। सबसे पहले रोगी का परीक्षण इसी अस्पताल में किया जाता था। कंप्यूटर की मदद से इस रोग का पता लगाना बहुत आसान है। इस रोग का पता लगाने के लिए एलीसा किट प्रयोग में लाई जाती है। यह रोग एक वायरस द्वारा फैलता है, जिसे एड्स वायरस कहते हैं। कंप्यूटर द्वारा वीर्य परीक्षण भी किया जाता है। इस परीक्षण द्वारा यह पता लगाया जाता है कि किसी व्यक्ति के वीर्य में कितने स्पर्म हैं। दुनिया के अनेक अस्पताल वीर्य परीक्षण के लिए कंप्यूटरों का प्रयोग करते हैं।

नाभिकीय चिकित्सा में कंप्यूटरों को प्रयोग किया जा रहा है। कंप्यूटरों को गामारे कैमराओं के साथ मिलाकर अनेक रोगों का पता लगाया जाता है।

कंप्यूटर द्वारा शरीर में उपस्थित कैंसर जैसी व्याधियों का पता लगाया जा सकता है। नाभिकीय चिकित्सा कैंसर और थायराइड के विकारों का पता लगाने में बहुत ही उपयोगी साबित हो रही है।

अब वह दिन दूर नहीं है जब कंप्यूटर द्वारा रोगों का पता लगाने में एक क्रांति पैदा हो जाएगी। ऐसा हो सकता है कि रोगों के इलाज के लिए डॉक्टरों की जगह कंप्यूटर देखभाल करने लगेंगे। कंप्यूटर ही रोगी से अनेक प्रश्न पूछेगा और रोग निदान करके औषधि बताएगा। कंप्यूटरों का उपयोग अस्पतालों में औषधियों और यंत्रों का लेखा-जोखा रखने में हो रहा है। विभिन्न स्थानों पर

कंप्यूटरों की सहायता से डॉक्टरों और नर्सों को प्रशिक्षण दिया जा रहा है। कंप्यूटरों की सहायता से अस्पतालों की अनेक समस्याओं का समाधान किया जा रहा है।

प्रशासन संबंधी अनेक समस्याओं के समाधान के लिए कंप्यूटरों का प्रयोग किया जा रहा है। कंप्यूटरों की सहायता से विकलांगों की मदद की जा रही है। इनटेंस केयर यूनिट्स में कंप्यूटरों का ऊँचे पैमाने पर प्रयोग किया जा रहा है। चिकित्सा विज्ञान में कंप्यूटरों ने क्रांति पैदा कर दी है। भारतवर्ष के अनेक अस्पताल ऐसे हैं, जिनमें कंप्यूटर सुविधाएँ उपलब्ध हैं।

हमारे देश के अनेक अस्पतालों में स्कैन करने की सुविधाएँ उपलब्ध हैं। वह दिन दूर नहीं जब कंप्यूटर अस्पतालों में पूरी तरह छा जाएँगे।

कंप्यूटरों द्वारा डॉक्टरों के वेतन आदि का लेखा-जोखा करना काफी आसान काम हो गया है। चलते-फिरते कंप्यूटर तंत्र मरीजों की सेवा कर रहे हैं। इनकी सहायता से रोगियों की मदद की जा रही है। कंप्यूटरों द्वारा एम्बुलेंस गाड़ियों की मदद की जा रही है। इस प्रकार कंप्यूटर आयुर्विज्ञान में अत्यंत ही उपयोगी साबित हो रहे हैं।

कंप्यूटर और रोबोट–रोबोट की कार्य प्रणाली कंप्यूटर द्वारा संचालित होती है। कंप्यूटर तथा रोबोट का चोली-दामन का साथ है। रोबोट ऐसी मशीनें हैं, जो अपने आप ही मनुष्य जैसे अनेक कार्य कर सकती हैं। किसी फैक्टरी में एक रोबोट मशीनों को चला सकता है। कार के पुर्जे बैल्ड कर सकता है तथा किसी भी कार पर रंग-रोगन कर सकता है।

अंगुलियाँ, रोबोट की भुजा, पैर आदि लोहे या प्लास्टिक के बने होते हैं। यह ऐसी मशीनें हैं जो बिना आराम किए और बिना थके रात-दिन काम कर सकती हैं। इन पर न सर्दी का असर होता है और न गर्मी का। ये काम करते-करते थकती नहीं हैं। इनके सभी कार्यकलाप कंप्यूटर द्वारा नियंत्रित होते हैं।

विशेषज्ञों के अनुसार कोई भी रोबोट यांत्रिकी, इलेक्ट्रानिकी और कंप्यूटर

का मिला-जुला रूप है। रोबोट से जो भी काम कराना होता है, उसका कार्यक्रम कंप्यूटर को दे दिया जाता है। रोबोट कोई भी काम मनुष्य की तुलना में कई गुना तेजी और दक्षता के साथ कर सकता है। ये सुन सकता है, बोल सकता है, देख सकता है, छू सकता है, चल सकता है, और अपने हाथों से काम कर सकता है। ये सभी कार्य कंप्यूटर द्वारा नियंत्रित होते हैं। रोबोट ऐसी मशीन है जो सागर की गहराइयों से उतरकर किसी भी खोई वस्तु को सागर की तलहटी से खोजकर ला सकता है।

एक रोबोट किसी भट्ठी में हाथ डालकर लोहे की तपती हुई सलाखों को हाथ में पकड़ सकता है। रोबोट आग बुझा सकता है, यह मशीनों के कलपुर्जे लगा सकता है। यह भारी बोझा उठा सकता है। मारुति उद्योग गुड़गाँव में कई रोबोट कार बनाने में प्रयोग किए जा रहे हैं। आज दुनिया में ऐसे रोबोट बना लिए गए हैं, जो पेड़ों से फल तोड़ सकते हैं। रोबोट की मशीनी शक्ति इतनी अच्छी होती है कि यह मशीन सिर्फ पके फल ही तोड़ती है। जापान में बहुत सारे घरेलू कार्य रोबोट ही करते हैं। ये घर या ऑफिस में झाड़ू लगा सकते हैं। घर की चौकीदारी कर सकते हैं। किसी के आने पर घर का दरवाजा खोल सकते हैं और बन्द कर सकते हैं। यह रोबोट छोटे बच्चे का बिस्तर बिछा सकता है। रोबोट गमले में पानी लगा सकता है।

अस्पतालों में रोबोट रोगियों की देखभाल कर सकते हैं। संगीत द्वारा ये मशीनें रोगियों का मनोरंजन कर सकती हैं। रोबोट नेत्रहीनों को रास्ता दिखा सकते हैं।

ऑस्ट्रेलिया जैसे देश में बहुतायत मात्रा में भेड़ें पाई जाती है। वह रोबोट वहाँ बड़ी चतुराई के साथ भेड़ की ऊन काट सकता है। भेड़ की ऊन काटने का काम रोबोट बड़ी तेजी के साथ और सफाई के साथ करता है। पूरी की पूरी फैक्टरी रोबोट किसी भी आदमी की अनुपस्थिति में चला सकते हैं। रोबोट वायुयान चला सकते हैं। रोबोट गाड़ियाँ चला सकते हैं। रोबोट किसी भी ग्रह, उपग्रह से मिट्टी के नमूने ला सकते हैं। रोबोटों के ये सभी कार्य कंप्यूटर द्वारा ही नियंत्रित होते हैं।

भारी से भारी बोझ रोबोट उठा सकते हैं। वास्तव में रोबोट का मस्तिष्क एक कंप्यूटर ही होता है। पूरे का पूरा ट्रक रोबोट लोड कर सकता हैं, और पूरे का पूरा ट्रक रोबोट खाली कर सकता है। आज की दुनिया में रोबोट अत्यंत ही उपयोगी सिद्ध हो रहे हैं। रोबोट की सहायता से हम विभिन्न कार्य कर सकते हैं। रोबोट इधर-उधर चल कर फैक्टरी के कार्यकलाप नियंत्रित कर सकते हैं। कुछ रोबोटों में एक टाँग होती हैं। कुछ में दो टाँगें होती हैं। कुछ में तीन टाँगें होती हैं और कुछ में चार टाँगों वाले रोबोट होते हैं। आज को दुनिया में रोबोट बहुत उपयोगी सिद्ध हो रहे हैं।

वैज्ञानिक ने आज ऐसे रोबोट बना डाले हैं जो अंतरिक्ष में अंतरिक्ष बस्तियाँ बनाने का कार्य करेंगे। जापान में तो पूरी फैक्टरी का कार्यभार रोबोट ही सँभालते हैं। उस फैक्टरी में केवल एक चौकीदार होता है। रोबोट ही सामान की पैकिंग का काम करते हैं। किसी बक्से में, कार्ड बोर्ड के डिब्बे में टोपी आदि पैक करने का काम रोबोट ही करते हैं। इस प्रकार आज की दुनिया में रोबोट बहुत ही उपयोगी सिद्ध हो रहे हैं। भारत में कई संस्थान रोबोट के क्षेत्र में कार्य कर रहे हैं।

कंप्यूटरों का शिक्षा के क्षेत्र में उपयोग बहुत बढ़ गया है। कंप्यूटरों की सहायता से किसी भी अस्पताल के कमरे में होने वाली चीर-फाड़ का जीता-जागता दृश्य शिक्षा ग्रहण करने वाले विद्यार्थियों को दिखाया जा सकता है।

किसी भी विशेषज्ञ का पूरे का पूरा भाषण कंप्यूटर द्वारा विद्यार्थियों को प्रदर्शित किया जा सकता है। उद्योगों में बनने वाली वस्तुओं को कंप्यूटर द्वारा विद्यार्थियों को दिखाया जा सकता है।

विदेशों में अनेक विश्वविद्यालय पाठ्यक्रमों का प्रदर्शन कंप्यूटर द्वारा विद्यार्थियों को कराते हैं। इससे शिक्षा के क्षेत्र में बड़ी उन्नति हुई है।

कंप्यूटर ग्राफिक्स की मदद से भौतिक-विज्ञान, रसायन-विज्ञान, जीव-विज्ञान और इजीनियरी के अनेक प्रयोग विद्यार्थियों को दिखाए जाते हैं।

कंप्यूटर के टी.वी. स्क्रीन पर अनेक प्रयोग बच्चों को दिखाए जा सकते हैं।

कंप्यूटर की सहायता से बच्चे अपनी पढ़ाई-लिखाई का काम भी करते हैं। इसको कंप्यूटर असिस्टेंट लर्निंग कहते हैं। इस तरीके में विद्यार्थी बिना प्रयोगशाला जाए ही कंप्यूटर की सहायता से बहुत से प्रयोग करते हैं। विद्यार्थी बहुत से लैसन कंप्यूटर की सहायता से पढ़ सकते हैं। कंप्यूटर की सहायता से विद्यार्थी बहुत से गणित संबंधी पाठों का अध्ययन कर सकते हैं। कंप्यूटर द्वारा पढ़ाई-लिखाई के कार्यक्रम काफी प्रचलित हो चले हैं।

कंप्यूटरों का अंतरिक्ष अनुसंधानों में उपयोग दिन-प्रतिदिन बढ़ता जा रहा है। कंप्यूटरों की सहायता से तीव्र से तीव्र गणनाएँ की जा सकती हैं। बिना कंप्यूटर के तीव्र गणनाएँ करना मानव के लिए बड़ा टेढ़ा काम है। राकेट और उपग्रहों ही गति संबंधी गणनाएँ कंप्यूटर ही करते हैं।

बिना कंप्यूटरों के अंतरिक्ष विज्ञान की आज की उपलब्धियाँ शायद संभव न हो पातीं। अंतरिक्ष यान के साथ संदेशों का आदान-प्रदान तथा उनका नियंत्रण कंप्यूटर के द्वारा ही संभव हो पाता है। आज का मानव कंप्यूटर चालित यंत्र मानवों द्वारा अंतरिक्ष बस्तियाँ बनाने के प्रयास कर रहा है। अंतरिक्ष बस्तियों के साथ संदेशों के आदान-प्रदान के लिए कंप्यूटर प्रयोग किए जाएँगे। अंतरिक्ष कार्यक्रम को बिना किसी कंप्यूटर के लागू करना मुश्किल कार्य है। कंप्यूटरों द्वारा उपग्रहों से सूचना प्राप्त करना एक आसान कार्य हो गया है। कंप्यूटर अंतरिक्ष का अत्यंत ही महत्त्वपूर्ण अंग बन गए हैं। कंप्यूटरों द्वारा अंतरिक्ष की महानतम उपलब्धियाँ संभव हो पाई हैं।

कंप्यूटर एवं वर्ड प्रोसेसर—कंप्यूटरों को प्रयोग में लाकर एक ऐसा टाइपराइटर बनाया गया है, जो शब्दों को टाइपराइटर से बेहतर तरीके से टाइप करता है। इसे वर्ड प्रोसेसर का नाम दिया गया है। इस मशीन को डैस्क टाप पब्लिशिंग में प्रयोग किया जाता है। इसमें एक पर्दा होता है। टाइप करने वाला व्यक्ति जो भी टाइप करता है, वह इस पर्दे पर प्रदर्शित हो जाता है। यदि शब्दों को टाइप करने में कोई गलती हो गई है, तो बिना काटा-पीटी किए उसे ठीक किया जा सकता है। इस मशीन में एक माइक्रो प्रोसेसर होता है, जो टाइप किए हुए मसौदे को एकत्रित करता रहता है। यह मशीन शब्दों को आगे-पीछे खिसका

सकती है, मशीन से उसकी मनचाही प्रतियाँ प्राप्त की जा सकती हैं। सभी प्रतियों का टाइप एक जैसा अति सुन्दर होता है।

आप किसी भी दस्तावेज को एडिट कर सकते हो। यह मशीन अत्यंत ही उपयोगी है। इसे प्रयोग करना बहुत आसान काम है। आप वर्ड प्रोसेसिंग से सम्पन्न साफ्ट वेयर खरीद सकते हो। अपने द्वारा टाइप की गई सामग्री में आप कोई भी गलती ठीक कर सकते हो। वर्ड प्रोसेसर का संबंध एक प्रिंटर के साथ होता है। लम्बे से लम्बा उपन्यास एक वर्ड प्रोसेसर पर टाइप किया जा सकता है। उसमें सभी स्पैलिंग ठीक कर सकते हो। शब्दों को छोटा-मोटा, बड़ा बना सकते हो। किसी भी पृष्ठ का आप अपनी इच्छा के अनुसार डिजाइन कर सकते हो। रेखाओं की लम्बाई और उनके बीच का फासला, शीर्षकों की मोटाई आप अपनी इच्छानुसार कर सकते है।

वर्ड प्रोसेसर की मदद से आप शादी के कार्ड, विजिटिंग कार्ड और दूसरे निमंत्रण कार्ड छाप सकते हैं। सन् 1982 में वर्ड प्रोसेसरों का बहुत अधिक प्रयोग होना आरंभ हुआ था। यह मशीन अत्यंत ही उपयोगी सिद्ध हुई है।

कंप्यूटर मनोरंजन का बहुत बड़ा साधन बन गया है। इसकी सहायता से टी.वी. स्क्रीन पर आप शतरंज खेल सकते हैं। आपकी चाल चलने के बाद कंप्यूटर अपनी चाल स्वयं चल देता है। शतरंज के खेल में कंप्यूटर को कोई बहुत ही चतुर खिलाड़ी हरा सकता है।

वीडियो गेम भी कंप्यूटर की मदद से खेले जा सकते हैं। कंप्यूटर पर बच्चे तरह-तरह के डिजाइन बनाकर आनंद का अनुभव करते हैं। कंप्यूटर एक भाषा से दूसरी भाषा में अनुवाद भी कर सकता है। कंप्यूटर ग्राफिक्स की मदद से और भी खेल खेले जा सकते हैं। इस प्रकार कंप्यूटर बहुत ही उपयोगी सिद्ध हो रहे हैं।

देश में कंप्यूटरों का सरकारी कार्यों में प्रयोग दिन-प्रतिदिन बढ़ने लगा है। सरकार के रक्षा विभाग, निर्वाचन आयोग और रोजगार दफ्तरों में बेरोजगारों के आँकड़े संचित किए जाते हैं। अनेक सरकारी कार्यालय कंप्यूटरों से एक-दूसरे से जुड़े हुए हैं। सरकारी विभागों में कर्मचारियों के वेतन का हिसाब-किताब कंप्यूटर

ही रखते हैं। किसी स्टोर में स्टॉक का विवरण कंप्यूटर ही रखते हैं। कोई व्यक्ति कब आ रहा है और कब जा रहा है, इस सबका हिसाब-किताब कंप्यूटर ही रखते हैं।

अपराधियों की छान-बीन के लिए पुलिस विभाग कंप्यूटरों का प्रयोग कर रहा हैं। पुलिस की फाइलों में अपराधियों के आँकड़े कंप्यूटर की स्मृति में संचित किये जाने लगे हैं। पुलिस नियंत्रण कक्षों में कंप्यूटरों का प्रयोग दिन-प्रतिदिन बढ़ता जा रहा है।

अपराधियों के नाम, उनके द्वारा किए गए अपराध, अपराधियों की अंगुलियों के निशान आदि कंप्यूटर की स्मृति में संचित रहते हैं। सड़कों पर निर्धारित गति सीमा से तेज चलने वाले वाहनों का चालान आज के कंप्यूटर यातायात पुलिस क्षण-भर में कर देती है। कंप्यूटर युक्त यातायात प्रणाली और यातायात नियंत्रण प्रणाली का प्रयोग दिल्ली पुलिस ऊँचे पैमाने पर कर रही है। इन कंप्यूटरों की मदद से किसी भी वाहन का चालान किया जा सकता है।

सरकारी भण्डारों में लेन-देन का हिसाब-किताब कंप्यूटर ही रखते हैं। किस विभाग में कितने लोग नौकरी कर रहे हैं तथा उनका मासिक वेतन कितना बनता है, इसका हिसाब-किताब कंप्यूटर ही रखते हैं। इस तरह कंप्यूटर सरकारी कार्यालयों में बहुत उपयोगी साबित हो रहे हैं।

कंप्यूटरों द्वारा टेलीटैक्स्ट और विडियो टैक्स्ट प्रणालियाँ विकसित हो पाई हैं। टेलीटैक्स्ट प्रणाली में टेलीविजन प्रसारण केन्द्र पर संदेशों को कंप्यूटर की स्मृति में संचित कर लिया जाता है। जहाँ संदेश प्राप्त करना होता है, वहाँ पर डिकोडर युक्त टी.वी. होता है। माइक्रो प्रोसेसर संदेशों को टी.वी. स्क्रीन पर प्रदर्शित करता रहता है। इस प्रणाली द्वारा दस पृष्ठ की सामग्री एक स्थान से दूसरे स्थान तक भेजी जा सकती है।

विडियो टैक्स्ट प्रणाली में सूचना के प्रसारण के लिए टेलीफोन सम्पर्क स्थापित करना पड़ता हैं। इस प्रणाली द्वारा पाठ्य सामग्री और चित्रों को विडियो टैक्स्ट केन्द्र पर लगा कंप्यूटर प्रसारित करता है। इस प्रणाली में पूरी की पूरी पाठ्य सामग्री टी.वी. स्क्रीन पर प्रदर्शित हो जाती है। बी.बी.सी. ने टेलीटैक्स्ट

प्रणाली का नाम सीफैक्स रखा था और आई.बी.ए. ने इसका नाम औराकल रखा था।

फ्रांस में तो पूरी टेलीफोन डायरेक्टरी को वीडियो टैक्स्ट डेटा बेस में संचित कर रखा है। ऐसा लगता है कि आने वाले समय में सारे का सारा समाचार-पत्र लोग अपने टेलीविजन स्क्रीन पर ही पढ़ने लगेंगे और समाचार-पत्रों का कागज पर छपना बन्द हो जाएगा।

इलेक्ट्रॉनिक मेल प्रणाली अब बहुत ही उपयोगी सिद्ध हो रही है। इस प्रणाली द्वारा किसी भी पत्र या सूचना को आप अपने मित्र या संबंधी को वांछित स्थान तक भेज सकते हो। उस स्थान पर ई-मेल की सामग्री टी.वी. स्क्रीन पर प्रदर्शित हो जाती है।

कंप्यूटर और संचार उपग्रहों की मदद से अब घर बैठे ही संगोष्ठियों का आयोजन किया जा सकता है। इस प्रणाली को टेलीकॉन्फ्रेंस का नाम दिया गया है। बैठक में भाग लेने वाले व्यक्तियों के विचार और चित्र कंप्यूटर नेटवर्क द्वारा अपने आपके टेलीविजन के पर्दे पर व्यक्त होते रहते हैं। आप अपने टेलीफोन द्वारा अपने विचार किसी भी व्यक्ति तक भेज सकते हैं।

अपने कंप्यूटर से आप डेटा बैंक से किसी भी प्रकार की सूचना प्राप्त कर सकते हैं और भेज सकते हैं। आप से डेटा बैंक हजारों किलोमीटर दूर हो सकता है। सामान्यतः डेटा बैंक में वे सभी सूचनाएँ होती हैं, जिनकी हमें रोजाना के कार्यों में जरूरत होती है। डेटा बैंक से प्रसारित होने वाली सूचना संचार उपग्रहों की सहायता से हमारे घर में लगे टेलीविजन तक पहुँच जाती है।

कंप्यूटरों का प्रकाशीय संचार प्रणालियों में प्रयोग दिन-प्रतिदिन बढ़ता जा रहा है। इन प्रणालियों में संदेशों को काँच के तन्तुओं द्वारा एक स्थान से दूसरे स्थान तक भेजा जा सकता है।

कंप्यूटर के अन्य प्रयोग

दूसरे क्षेत्रों में भी कंप्यूटर प्रयोग किए जा रहे हैं। कंप्यूटर की मदद से जन्मपत्री बनाई जा सकती है। दिल्ली जैसे शहर में ऐसे बहुत से संस्थान हैं, जहाँ

पर जन्मपत्री बनाने का कार्य किया जाता है।

कंप्यूटर सिर्फ अंग्रेजी के शब्दों को ही नहीं टाइप कर सकता बल्कि हिन्दी तथा दूसरी भाषाओं को भी टाइप कर सकता है। नागरी स्क्रिप्ट को टाइप करना काफी आसान है। आजकल हर भाषा का टाइप करने के लिए लेसर प्रिंटर प्रयोग किए जा रहे हैं। एक लेसर प्रिंटर की मदद से एक मिनट में दस पेज टाइप करना काफी आसान काम है। कंप्यूटर की यह किताब लेसर प्रिंटर द्वारा ही टाइप की गई है।

कंप्यूटर की मदद से इलेक्शन के परिणाम तैयार किए जा सकते हैं। कंप्यूटरों द्वारा परीक्षाओं के परिणाम भी तैयार किए जाते हैं।

जनसंख्या के आँकड़े एकत्रित करने के लिए कंप्यूटर प्रणालियाँ प्रयोग में लाई जा रही हैं।

कंप्यूटर द्वारा मौसम विभाग मौसम की भविष्यवाणी तैयार करता है। मौसम विभाग में काफी शक्तिशाली कंप्यूटर प्रयोग किए जाते हैं। हमारे देश के मौसम विभाग में बहुत शक्तिशाली कंप्यूटर लगाया हुआ है। कंप्यूटरों की मदद से कपड़ा मिलों में बहुत सारे डिजाइन तैयार किए जाते हैं।

कंप्यूटर नेटवर्क द्वारा संसार के किसी भी हिस्से में संदेश भेजे जा सकते हैं। कंप्यूटरों द्वारा डायल किए गए टेलीफोन ज्यादा उपयोगी साबित हो रहे हैं। इण्टरनेट द्वारा कंप्यूटरों की मदद से देश-विदेश में सूचनाओं का आदान-प्रदान एक आसान काम हो गया है। दुनिया में स्वचालन पद्धतियों को जन्म देने का श्रेय कंप्यूटरों को ही है।

अध्याय 10

शिक्षा के क्षेत्र में कंप्यूटर का योगदान

शिक्षा संस्थाओं व कार्यालयों में कुछ ऐसे कार्य-कलाप होते हैं जो सभी में सामान्य हैं और वहाँ पर कंप्यूटर का प्रयोग होता है अथवा प्रयोग किये जाने की भारी संभावना है। यथा–

- कर्मचारियों तथा अधिकारियों की सूची तैयार करना, जिनमें उनके संक्षिप्त जीवन-वृत्त के आँकड़े उपलब्ध हों।
- कर्मचारियों के वेतन के बिल तैयार करना तथा उनको वेतन संबंधी वितरणों की सूची उपलब्ध कराना।
- सर्विस का रिकार्ड फाइलों (पत्रावली) के बजाय कंप्यूटरों में सुरक्षित रखा जाय।
- वार्षिक बजट तैयार करना।
- विशाल भवनों के विभिन्न तलों पर कमरों की संख्या, विशिष्ट अंक तथा आवंटन का हिसाब रखना।
- अन्य उपकरणों की खरीद का ब्योरा बनाना तथा दैनिक उपयोग की वस्तुओं का दिन-प्रतिदिन का हिसाब रखना और बिना प्रयोग की गई वस्तुओं का बकाया निकालना।
- उपकरणों की क्रय हेतु तुलनात्मक विवरण तैयार करना तथा सबसे कम मूल्य निर्दिष्ट करने वाली कम्पनी को आपूर्ति ऑर्डर देना।

- कमरों में लगे पंखे, फर्नीचर इत्यादि का रिकार्ड रखना, ताकि चोरी वगैरह की स्थिति में अधिकारी से जानकारी प्राप्त कर ली जाये अथवा उसके स्थानान्तरण के समय उससे उसे दी गयी वस्तुओं का हिसाब लिया जा सके।
- शोध संस्थानों में शोधकर्त्ताओं को विभिन्न टॉपिकों का आवंटन किया जा सकता है। अत्यन्त कम समय में यह तय किया जा सकता है कि अमुक टॉपिक किसी शोधार्थी को पहले ही आवंटित तो नहीं हुआ है।
- शोधग्रन्थों, शोध प्रबन्धों व शोध पत्रों जो प्रकाशित हो गये हों अथवा पूर्ण हो गये हों, विधा एवं उपविधावार विवरण तैयार करना।
- किसी टॉपिक पर शोधार्थी द्वारा चुने गये विषयक मामले को शोध हेतु स्वीकारने अथवा नकारने के लिए सिद्धान्त या आदर्श तय करना।
- शोध प्रबन्ध की कंप्यूटर द्वारा प्रगति करना इत्यादि।
- पठन-पाठन तथा शिक्षण-प्रशिक्षण देने वाली संस्थाओं द्वारा तैयार की जाने वाली पुस्तकों, सहायक पुस्तकों, निदेशिकाओं, मासिक पत्रिकाओं इत्यादि की सूची तैयार करना।
- इस प्रकार की सामग्री के आय-व्यय का ब्योरा रखना तथा विवरणिकी तैयार करना।
- लघु तथा बृहद शब्दकोशों व विश्वकोशों की छपाई हेतु कंप्यूटर द्वारा पांडुलिपियों की प्रगति करना।
- प्रशिक्षणार्थियों के लिए कंप्यूटर पर काम में आने वाले कोमलपात्र (सोफ्ट) वेयरों को स्वयं तैयार करना और उनका प्रयोग करना। जैसाकि एन.सी.ई.आर.टी. करती है।
- इन संस्थाओं/कार्यालयों में होने वाली गोष्ठियों के मसौदे तैयार करना, उनके लिए पृष्ठभूमि नोट तैयार करना तथा मीटिंगों के वृत्त तैयार करना।

- एक भाषा से दूसरी भाषा में अनुवाद हेतु शब्दावली तैयार करना। यह शब्दावली ऐसी हो सकती है, जो सर्वत्र अनुवाद हेतु प्रयोग की जा सकती है। यदि शब्दावली अपने आप में एक कोमल पात्र ही हो सकती है।
- सचिवालय/कार्यालय/संस्थाओं में उपस्थिति पुस्तकालयों में कैटालॉग (नामावली या सूची पत्र) तैयार करना।
- पुस्तकों के सरक्यूलेशन (परिभ्रमण) हेतु सिद्धान्त तय करना, विशेषकर उन पुस्तकों के लिए जो संख्या में कम हों तथा उनकी माँग बहुत हो।
- सचिवालयों तथा बड़े विभागों में अति आवश्यक रिपोर्टों, बड़ी-बड़ी कार्य-शीटों तथा बजट संबंधी प्रपत्रों को कंप्यूटरों द्वारा उत्तर पुस्तिकाओं का मूल्यांकन करना।
- विभाग द्वारा ली जाने वाली परीक्षाओं के लिए कंप्यूटर द्वारा उत्तर पुस्तिकाओं का मूल्यांकन करना।
- साक्षात्कार हेतु अभ्यार्थियों की सूची बनाना, उनको साक्षात्कार हेतु बुलाना, अयोग्य प्रत्याशियों की सूची में से हटाना तथा चयन किए गये उम्मीदवारों की सूची बनाना इत्यादि।
- प्रशिक्षण के उपरान्त उनकी परफोरमैन्स (उपलब्धियों) के अनुसार योग्यता सूची तैयार करना।
- विभागों के अनुभागों में होने वाले योजनागत कार्य-कलापों का कंप्यूटरों द्वारा सम्पादन, जैसे—किसी अनुभाग में लिखित परीक्षा में किसी अभ्यर्थी का सफल हो जाना किन्तु अन्तिम रूप से उसकी सफलता की परिपुष्टि के लिए उसके द्वारा दिए गये वार्षिक आमदनी के विवरण के आधार पर उसे योग्य अथवा अयोग्य घोषित करना।
- कार्यालयों/संस्थाओं में कार्यरत व्यक्तियों के दूरभाषों, उनके घरों पर लगे दूरभाषों, उनकी कारों के नम्बर, निवासों के पते इत्यादि की विवरणी तैयार करना और पुरानी विवरणी का नवीनीकरण करना।

शिक्षा योजना में कंप्यूटर

योजनाकारों के लिए कंप्यूटर अत्यन्त उपयोगी होता है। शिक्षा के योजनाकार हजारों आँकड़ों के आधार पर योजना तैयार करते हैं। चाहे योजना वार्षिक हो अथवा पाँच साल के लिए, योजनाकारों को बहुत बड़ी-बड़ी संख्याओं को एकत्रित करना पड़ता है, फिर उनको समझना पड़ता है और उनकी प्रवृत्ति का अध्ययन करना पड़ता हैं। कभी-कभी उनको ग्राफित करके सलाहकार समितियों, कार्यसमूहों उनके उपग्रुपों के समक्ष प्रस्तुत करना पड़ता है और कभी-कभी उनको किसी क्रम में सज्जित करना पड़ता है।

आँकड़ों को एक या अनेक रूप में सज्जित करना आसान नहीं होता। यदि कहीं एक भी त्रुटि रह जाय तो वह हजारों आँकड़ों को प्रभावित कर देती है। ऐसी स्थिति में कंप्यूटर जैसी अति शीघ्र गणना सम्पन्न करने वाली मशीन योजनाकारों के लिए अत्यन्त लाभकारी होती है, जिसका लाभ केवल यही नहीं है कि वह संगणना कार्य शीघ्र सम्पन्न कर देती है बल्कि सबसे बड़ा लाभ यह है कि त्रुटि सुधार शीघ्र हो जाता हैं और आँकड़ों को शुद्ध रूप में अति शीघ्र दुबारा छापा जा सकता है। इस श्रम और शक्ति की कुछ बचत हो सकती है। योजनाकारों को आँकड़ों की प्रवृत्तियाँ लम्बी अवधि की योजना बनाने में बहुत सहायक होती हैं। गत वर्षों के आँकड़ों के आधार पर भविष्य की योजनाएँ तैयार की जाती हैं। यदि गत वर्षों के आँकड़े घटने की प्रवृत्ति दिखाते हैं तो योजना सिकुड़ती प्रतीत होती है और उसके विस्तार की संभावना नजर नहीं आती। यहाँ तक कि योजना को चालू रखना प्रश्नवाचक हो जाता है। इसके विपरीत यदि आँकड़े बढ़ने की प्रवृत्ति दिखाते हैं तो योजनाकार को अतिरिक्त संसाधन जुटाने की बात सोचनी पड़ती है कि योजना को सफलतापूर्वक क्रियान्वित करने और चालू रखने के लिए अन्य स्रोत खोजने पड़ते हैं, जिनमें प्रशिक्षित जन-शक्ति, अप्रशिक्षित जनशक्ति तथा आर्थिक प्रावधान प्रमुख हैं। इसके अलावा भवन, उपकरण तथा तकनीकी उपलब्धता दूसरी श्रेणी के साधन और स्रोत जुटाना भी योजनाकार को ध्यान में रखना पड़ता है। कभी-कभी योजनाकार को स्पष्ट कहना पड़ता है कि अमुक योजना को चालू रखने के लिए तीन या पाँच वर्ष में अमुक-अमुक मात्रा में जन-धन की आवश्यकता

पड़ेगी। रूस तथा चीन जैसे साम्यवादी देशों में योजनाकारों तथा जन-शक्ति विभागों के बीच बहुत अच्छा ताल-मेल रहता है। इसलिए वहाँ प्रशिक्षित जन शक्ति (ट्रेंड मैन पावर) कभी फालतू नहीं होती। इसलिए बेरोजगारी की समस्या पर भी नियन्त्रण बना रहता है।

इस प्रकार अपने कार्यालय में बैठा शिक्षा योजनाकार यह अनुमान लगा सकता है कि किसी पंचवर्षीय योजना में गत योजना की अपेक्षा कितने संसाधन अधिक चाहिए होंगे। इनमें प्रमुख होंगे–

1. अध्यापक व प्रधानाचार्य, 2. क्लर्क व सहायक, 3. स्कूल भवन, 4. फर्नीचर, 5. पाठ्य-पुस्तकें व लेखन सामग्री, 6. खेल-कूद का सामान, 7. प्रयोगशाला की सामग्री, 8. अन्य उपकरण, मंत्र, 9. अन्य सामग्री, 10. विविध सामान, 11. सबसे महत्त्वपूर्ण संसाधन वेतन के लिए धन की व्यवस्था।

भविष्य में छात्र स्वयं ही कंप्यूटर को संचालित करके पाठ पढ़ लिया करेंगे। कई विकसित देशों में कंप्यूटर स्कूली कक्षाओं में स्थापित कर दिए गये हैं। इन कक्षाओं में एक कंप्यूटर अध्यापक होता है, जो अलग-अलग छात्रों को अलग-अलग पाठों के विषय में कंप्यूटर सम्बन्धी निर्देश देता है।

इनके साथ-साथ अध्यापकों के प्रशिक्षण, करी-क्यूलम आदि के निर्माता, लेखक व प्रिण्टर कागज का जुटाना आदि सभी संसाधनों की ओर योजनाकार विचार करता है। हर पहलू को ध्यान में रखकर ही अच्छी शिक्षा योजना तैयार की जा सकती है।

योजना के निर्माण के बाद उसे लागू करने की स्थिति आती है। कोई योजना प्रभावकारी ढंग से लागू हो, इसके लिए उस पर निगरानी रखना बड़ा आवश्यक है। इसे अन्वीक्षण या मॉनीटर करना कहते हैं। कक्षाओं में विशेषकर छोटी कक्षाओं में मानीटर का कार्य सभी जानते होंगे। वह अध्यापक द्वारा दिए गए अनुदेशों का पालन कराने में अध्यापक की मदद करता है। अध्यापक की अनुपस्थिति में उसकी जिम्मेदारी और अधिक हो जाती है। वह अध्यापक को रिपोर्ट प्रस्तुत करता है कि अमुक छात्र ने अनुदेशों का पालन नहीं किया अथवा किसी अन्य प्रकार की कोई नई स्थिति पैदा हुई।

बड़ी योजनाओं के अन्वीक्षण में मासिक या तिमाही आँकड़े इकट्ठे किए जाते हैं। फिर इनकी प्रगति की जाती है और रिपोर्ट तैयार की जाती है। इसके बाद इस रिपोर्ट का विश्लेषण तथा समीक्षा होती है। यदि समीक्षा करने के बाद ऐसा पाया जाय कि किसी विशेष प्रदेश या क्षेत्र में निर्धारित लक्ष्य से कम प्रगति हुई है तो उस एजेंसी (अभिकरण) को स्मरण कराया जाता है। जैसे—

माना कि 20-सूत्री कार्यक्रम के पालन हेतु किसी तिमाही के लिए राज्यों का दर्जा निर्धारित करना चाहते है तो इसके लिए निम्नलिखित मानक स्तर बनाया गया है।

अति उत्तम—90 प्रतिशत या उससे अधिक कार्य सम्पादन

उत्तम—80-90 प्रतिशत के मध्य

अधम—80 प्रतिशत से कम

जब मानक स्तर निर्धारित हो गये तो राज्यवार आँकड़े इकट्ठे किए गये। उस कार्यक्रम में 24 राज्य, 20 कार्यक्रम एवं 4 तिमाही होती अब आप समझ सकते हैं कि आँकड़ों का आकार कितना बड़ा होगा। ऐसे बड़े आकार के आँकड़ों में कंप्यूटर का उपयोग करना बड़ा आवश्यक होता है। यदि आदमी इस प्रकार के आंकड़ों की प्रगति करते हैं तो बहुत अधिक समय लगता है। अब क्योंकि यह समयबद्ध कार्यक्रम होता है, इसलिए शीघ्र सम्पादित होना अनिवार्य हो जाता है। यदि अधिक देर हो जाये तो फिर निगरानी का कोई महत्त्व ही नहीं रहता।

कंप्यूटर द्वारा शिक्षा

कंप्यूटर द्वारा आजकल कक्षाओं में छात्रों के लिए शिक्षा देने का कार्यक्रम दुनिया के अनेक देशों में प्रारंभ किया जा चुका है। कहीं-कहीं आशंका व्यक्त की जाने लगी है कि एक दिन कंप्यूटर कक्षा में से अध्यापक को ही बाहर कर देगा। यद्यपि कंप्यूटर में अपार क्षमता होती है और उस पर छात्रों की स्वतः सीखने की विधि से सम्बन्धित अनेक कार्यक्रम चलाए जाते हैं, किन्तु अभी तक ऐसा देखने में नहीं आया है कि कंप्यूटर ने पूरी तरह अध्यापक का स्थान ले लिया हो।

कंप्यूटर में अपार क्षमता होने के उपरान्त ऐसी अनेक समस्याएँ हैं जो कक्षा में कंप्यूटर तथा छात्रों के साथ-साथ हुए भी अध्यापक की उपस्थिति अनिवार्य कर देती है, जैसे–

1. प्रत्येक छात्र को उसकी क्षमता के अनुसार सीखने का कार्यक्रम निर्धारित करना।
2. कंप्यूटर से कार्य करने में छात्रों की मदद करना।
3. तकनीकी गड़बड़ियों का समाधान करना।
4. कार्यक्रमों में रही त्रुटियों को सुधारकर नया कार्यक्रम देना।
5. अभ्यास करने के बाद छात्रों से व्यक्तिगत बातचीत करना इत्यादि।

कंप्यूटर द्वारा सीखने की विधि के कुछ विशेष लाभ भी हैं, जैसे–

1. अध्यापक की अनुपस्थिति में स्वतः सीखना। इसलिए यह कार्यक्रम ऐसे कर्मियों के लिए अति लाभकारी है, जो पूर्णकालिक सेवा में होते हैं और अंशकालिक शिक्षा ग्रहण करते हैं।
2. प्रत्येक सीखने वाला अपने-अपने समय के अनुसार सीखना जारी रख सकता है।
3. प्रत्येक सीखने वाला अपनी क्षमता के अनुसार सीखने का कार्यक्रम चुन सकता है जैसे–यदि किसी कक्षा में बीस छात्र कंप्यूटर द्वारा सीखना चाहते हों तो अपनी-अपनी क्षमता के अनुसार कार्यक्रम चुन सकते हैं। इसी प्रकार पत्राचार से शिक्षा प्राप्त करने वाले शिक्षार्थी भी अपनी-अपनी क्षमता के अनुसार पाठ्यक्रम के अंशों को चुनकर कंप्यूटर की मदद से अकेले ही पढ़ाई चालू रख सकते हैं।

कंप्यूटर के प्रोग्राम द्वारा शिक्षा प्राप्त करने की विधि में सीखने वाले को सही तथा गलत उत्तरों का तुरन्त आभास हो जाता है, इसलिए भूल सुधार शीघ्र कर सकता है।

यदि एक शिक्षार्थी अपनी क्षमता के अनुसार किसी विशेष कार्यक्रम को पूरा कर लेता है तो उसी क्रम में वह दूसरे कार्यक्रम को चुन सकता है। ऐसे

कार्यक्रम जटिलता और कठिनता के बढ़ते हुए क्रम में तैयार किए जाते हैं। कंप्यूटर द्वारा यदि एक शिक्षार्थी किसी रेखीय कार्यक्रम को पूरा कर लेता है तो वह शाखा कार्यक्रम पर भी सीखने का अभ्यास कर सकता हैं। इसका अर्थ यह होता है कि एक शिक्षार्थी अपनी क्षमता के अनुसार भाषा, विज्ञान, गणित, इत्यादि विषयों को साथ-साथ भी सीख सकता है।

कंप्यूटर द्वारा सीखने की विधि से शिक्षार्थी के व्यवहार में आवश्यक परिवर्तन भी आता है। चाहे वह थोड़ा ही क्यों न हो।

रुकावटें

1. इस प्रकार के कार्यक्रम में सबसे बड़ी रुकावट है कंप्यूटरों का उपलब्ध न होना।
2. प्रत्येक शिक्षार्थी की क्षमता के अनुसार अलग-अलग कार्यक्रम तैयार करना।
3. प्रत्येक शिक्षार्थी के शिक्षा स्तर, अभिरुचि के विषय इत्यादि पर लाखों प्रकार के कार्यक्रमों को तैयार करना।
4. कंप्यूटर हार्डवियर के संचालन हेतु हर समय व हर स्थान पर अनुदेशकों का उपलब्ध न होना।
5. दूसरों के द्वारा तैयार किए हुए कार्यक्रमों का शिक्षार्थी की आवश्यकता के अनुरूप न होना।
6. शिक्षक एवं शिक्षार्थी जैसे आमने-सामने पारस्परिक सीखने की प्रक्रिया का अभाव। कंप्यूटर द्वारा सीखने शिक्षार्थी एकांत में सीखने जैसा अनुभव करता है और कभी-कभी तो उसमें एकाकी व्यवहार उत्पन्न होने लगता है।

अनेक बार ऐसा देखा जाता है कि छोटी-छोटी तकनीकी कठिनाइयों से तंग आकर शिक्षार्थी कंप्यूटर द्वारा सीखने की विधि से ऊब जाते हैं। शिक्षार्थियों को ऐसी स्थिति से उबारने के लिए अध्यापक, प्रोग्रामर, इन्स्ट्रक्टर इत्यादि का हर समय, शिक्षार्थी के साथ उपस्थित रहना बड़ा अनिवार्य हो जाता है। लाखों

की संख्या में स्वतः सीखने की योजना के अन्तर्गत अथवा सरकारी स्तर पर लाखों की संख्या में कंप्यूटर सहायक जुटाना एक असम्भव कार्य है।

शिक्षा में कंप्यूटर

राष्ट्रीय शैक्षिक अनुसंधान और प्रशिक्षण परिषद् (एन.सी.ई.आर.टी.) के वरिष्ठ संकाय सदस्यों को संबोधित करते हुए यूनेस्को कार्यकारी बोर्ड की पूर्व स्वीडिश सदस्या सुश्री बिरगिहा बुलहमर ने कहा कि कंप्यूटरीकृत सूचना प्रणाली के प्रयोग द्वारा विभिन्न देशों के शैक्षिक अनुभवों का आदान-प्रदान आज की जरूरत है।

इस अवसर पर एन.सी.ई.आर.टी. के निदेशक ने कहा कि शैक्षिक टेक्नोलॉजी के अधिकाधिक विकास और उसके प्रभावशाली प्रयोग के साथ ही साथ विद्यालय अधिक आकर्षण का केन्द्र बनेंगे।

वर्तमान शिक्षा

आजकल प्रमुखता कंप्यूटर कोर्सों की है। आज हर धन्धे में स्वचालन अपना प्रभुत्व जमाता आ रहा है। अधिकतर व्यावसायिक प्रशिक्षण संस्थान आज कंप्यूटर कोर्सों की शृंखला प्रस्तुत करते हैं। कारण यही है कि इस प्रकार के कोर्सों में पैसा बहुत मिलता है। ऐसे कोर्सों के व्ययसाध्य होने पर भी यह सम्भव हो जाता है कि केवल प्रारम्भिक ज्ञान प्राप्त करके ही व्यक्ति आर्थिक रूप से कोई-न-कोई अच्छी नौकरी पा ले।

परम्परागत व्यावसायिक प्रशिक्षण संस्थान टाइपिंग, शॉर्टहैंड, भाषाओं, सचिवालय कार्य-पद्धति, स्टेनोग्राफी, एकाउंटेंसी आदि में ही प्रशिक्षण दिया करते थे। पर टेलीविजन युग के आगमन के साथ इनके लिए आवश्यक हो गया है कि वे अपने पाठ्यक्रम में रेडियो के अतिरिक्त टी.वी. और वी.सी.आर. कोर्सों को सम्मिलित किया जाए संभवतः ऐसा हो भी रहा है।

हमारी शिक्षा में कंप्यूटर शिक्षा एक अत्यंत महत्त्वपूर्ण घटना बनती जा रही है। कुछ समय पूर्व रेडियो और उसके बाद टेलीविजन ने शिक्षा के क्षेत्र में अपने पैर जमाये थे, आज कंप्यूटर कहीं अधिक महत्त्व के साथ शिक्षा के क्षेत्र

में आ रहा है। प्राइवेट क्षेत्र की अनेक व्यावसायिक संस्थाओं ने भी कंप्यूटर कोर्सों को सर्वाधिक प्राथमिकता दी है। एक व्यावसायिक संस्था के पाठ्यक्रमों की विवरणी नीचे दी जा रही है। इसमें प्रथम तीन कोर्स कंप्यूटर से संबंधित हैं।

कंप्यूटर द्वारा अपराधियों का विवरण

सारे अपराधियों का विवरण कंप्यूटर में संकलित किया जा रहा है। कंप्यूटर मुख्यालय यह सारा विवरण रखेगा, जहाँ से अन्तरजिला व अन्तरराज्यीय तालमेल रखा जायेगा। इन सब आवश्यकताओं की पूर्ति के लिए एक नया पाँचवीं पीढ़ी का आधुनिक कंप्यूटर लगाया गया है। विभाग खोई हुई सम्पत्ति को ढूँढने के कार्य में भी समन्वय कर रहा है। सभी थानों पर पड़ी लावारिस 60-70 साइकिलों को कंप्यूटर के जरिए ढूँढकर उनके मालिकों को दे दी जाती हैं। इसी तरह हथियारों के लाइसेंसों का भी कंप्यूटरीकरण किया जा रहा है। अंगुली छाप की पहचान के लिए 40 संख्याओं का एक कोड तैयार कर लिया गया है व यातायात व्यवस्था में भी कंप्यूटर के उपयोग की योजना तैयार हो गई है।

विभाग कर ट्रांसपोर्ट विभाग से भी सभी पंजीकृत वाहनों की पूरी सूचना लेकर उसे कंप्यूटरीकृत करने का विचार है। पुलिसकर्मियों का वेतन कंप्यूटर पर तैयार होने लगे हैं तथा सब-इंस्पेक्टर व अपर पद के सभी अफसरों का पूर्ण परिचय भी कंप्यूटरीकृत कर दिया गया है। प्रदेशों के सभी जिलों को वाइड एरिया नेटवर्क प्रणाली से जोड़ने की प्रणाली है। पुलिस पेट्रोलिंग को भी कमाण्ड कंट्रोल प्रणाली के तहत कंप्यूटरीकरण कर लिया गया है।

कानून व व्यवस्था राज्य का विषय है व हर राज्य की पुलिस की संग्रह व अन्वेषण की अलग-अलग पद्धति रही है, जिससे अन्तर्राज्यीय अपराधों के अन्वेषण में कठिनाई आती थी। उन सब में एकरूपता लाने के लिए कंप्यूटरीकरण के लिए संयोजन पुलिस कंप्यूटर निदेशालय की स्थापना की गई।

जिला स्तर से मुख्यालय एक सूचना आने व कंप्यूटर से विश्लेषण के बाद वापस जिले को सूचना भेजने में काफी समय लग जाता था। जिलों को टेलिप्रिण्टर लाइन के जरिए मुख्यालय से जोड़ा गया, जिससे सूचना व अन्वेषण का आदान-प्रदान शीघ्र होने लगा। हमारी टेलीप्रिण्टर लाइनें अभी इतनी आधुनिक

नहीं है कि कंप्यूटर की तकनीकी आवश्यकताओं को पूरा कर सकें। अतः विवरणी में अक्सर त्रुटियाँ आ जाती है। उस दोष को दूर करने के लिए सालों क्षेत्रीय मुख्यालयों में छोटे कम्प्यूटर्स लगाए जा रहे हैं।

किसी कार्यालय में कंप्यूटर लगाये जाने पर कर्मचारी घटते हैं या बढ़ते हैं, इस मतलब की एक तालिका आगे दी जा रही है। आम धारणा यह है कि कर्मियों की संख्या घट जाती है किंतु ऐसा नहीं है। अभी तक के अध्ययन यह बताते हैं कि नये कार्य प्रारम्भ होने के कारण नये कर्मी भर्ती होते हैं। इस प्रकार कुछ कर्मियों की संख्या बढ़ती है घटती नहीं। हाँ, कार्यालय के कार्य की दक्षता बढ़ जाती है।

कार्गो निबटारा कंप्यूटर द्वारा

देश में पहली बार 1989 में ही कार्गो के निबटारे का काम कंप्यूटर के जरिए शुरू हो गया है। इंदिरा गांधी अंतर्राष्ट्रीय विमानतल पर बाहर से आने वाले कार्गो के निबटारे की पूरी प्रक्रिया को काफी पहले कंप्यूटरीकृत कर दिया गया है।

कंप्यूटरीकरण के बाद कार्गो के निबटारे के काम में बहुत तेजी आई है। पहले जिस कार्गो का पता करने में घंटे लगते थे, अब उसकी खोज चंद लम्हों में ही जाती है। कार्गो के निबआरे का शत-प्रतिशत काम कंप्यूटर से होने लगा हैं, अंतर्राष्ट्रीय विमानतल प्राधिकरण ने भारत सरकार के उपक्रम सी.एम.सी. लिमिटेड के सहयोग से किया है।

बंबई के विमानतल पर कार्गो के निबटारे का काम भी कंप्यूटर के जरिए काफी पहले शुरू हो गया है। कार्गो के निबटारे का काम विमानतल प्राधिकरण एयर इंडिया से पूरी तरह अपने अधिकार में ले लिया है। अब तक प्राधिकरण की तरफ से यह काम एयर इंडिया भी किया करती थी।

यह कहना बिलकुल गलत है कि अंतर्राष्ट्रीय विमानतल बाहर जाने वाले कार्गो के वजन में हेराफेरी के लिए जिम्मेदार है। यह विमान सेवाओं और कार्गो बुक कराने वालों के बीच का मसला है।

कॉलेजों में उच्च शिक्षा के लिए कंप्यूटर

सैकड़ों विश्वविद्यालयों और हजारों कॉलेजों में उच्च शिक्षा के लिए कंप्यूटर सुविधा उपलब्ध की गई है। सरकार ने इसके अलावा एक विशाल कार्यक्रम भी चलाया। विश्वविद्यालय और कॉलेज शिक्षकों के लिए विश्वविद्यालय अनुदान के साथ मिलकर (48 एकेडमिक स्टाफ कॉलेज खोले गए। मानव संसाधन विकास मंत्रालय द्वारा देश में शिक्षा की एक-वर्षीय प्रगति पर तैयार रिपोर्ट के अनुसार इंदिरा गांधी राष्ट्रीय खुले विश्वविद्यालय ने काफी प्रगति की। इसने देश में एक सौ सात अध्ययन केन्द्र खोल दिए। डिग्री, डिप्लोमा और सर्टीफिकेट कार्यक्रमों में लाखों छात्र भर्ती थे।

कंप्यूटरों के सामान्य अनुप्रयोग

आज के युग में कोई ऐसा क्षेत्र नहीं है जो कि कंप्यूटर के उपयोगों से अछूता हो। आज कंप्यूटर का प्रयोग विश्व भर में अनेकों क्षेत्रों में विभिन्न प्रकार से किया जा रहा हैं, जिनमें से कुछ निम्न प्रकार से हैं :

- जनगणना
- आयकर निर्धारण
- आम चुनाव
- आधुनिक युद्ध
- युद्ध एवं खेल
- मौसम विभाग
- वायु सेना के विमानों में
- अपराधी की तलाश
- ऑपरेशन रिसर्च
- नौसना
- अंतरिक्ष विज्ञान
- चिकित्सा
- भूगर्भ विज्ञान

- शादी के लिए लड़का-लड़की की छाँट
- जन्मपत्री का भविष्यफल
- गर्भाशय में नर-मादा भ्रूण की पहचान
- वस्तुओं की क्वालिटी निर्धारण
- रंगों के मेल-मिलाप
- कपड़ों की डिजाइनें बनाना
- ग्राफिक पेपर तैयार करना
- कंप्यूटर पर म्यूजिक ध्वनियाँ
- वीडियो के कंप्यूटरीकृत खेल
- कंप्यूटर द्वारा कैसेट बजाना
- कंप्यूटर द्वारा बिजली-पानी के बिल बनाना
- रेलों की टिकट बुक करना
- कंप्यूटर द्वारा बेचे गये माल की रसीद बनाना इत्यादि
- कंप्यूटर कपर शतरंज का खेल
- वस्तुओं के पैटर्नों की पहचान
- चश्मों के नम्बरों की परीक्षा करके चश्मा तैयार करना
- चश्मों के आकार तथा लैंसों की क्वालिटी का निर्धारण करना
- पैट्रोल पम्पों पर पैट्रोल की मात्रा तथा उनके दाम सीधे ही कंप्यूटर द्वारा बना देना
- कंप्यूटर द्वारा टैक्सीयात्रा का नियंत्रण अर्थात् टैक्सी को बुक करना और आवश्यक स्थान पर पहुँचने का निर्देश देना
- इंग्लैंड के विभिन्न भागों में कंप्यूटर द्वारा राजमार्गों पर चलने वाले वाहनों की गति का नियंत्रण रखना तथा गति-सीमा को तोड़ने वाले वाहनों का स्वतः चालान करना
- किसी एक बिन्दु पर यातायात में आने-जाने वाले वाहनों की गिनती करना

- भारत में कांग्रेस एवं अन्य पार्टी द्वारा कंप्यूटर द्वारा उम्मीदवारों के कार्यकलापों का अध्ययन करके चुनावों में टिकटों का आबंटन किया जाता है।
- कंप्यूटर द्वारा साक्षात्कार के लिए बुलाये जाने वाले अभ्यर्थियों की सूची तैयार करना।
- चुने जाने के लिए साक्षात्कार हेतु बुलाये गए अभ्यर्थियों का जीवनवृत्त का सूक्ष्म रूप तैयार करना और चयन के बाद योग्यता सूची तैयार करना।

पृथ्वी पर हम केवल दो आयामों में यात्रा करते हैं। अन्तरिक्ष यानों को अनन्त में 3 आयामों में यात्रा करनी पड़ती है। तीसरा आयाम बहुत महत्त्वपूर्ण हैं और उसके बिना यान अपने निर्धारित पथ पर चल नहीं सकता। यही कारण है कि हर रॉकेट या अन्तरिक्ष यान पर एक या अधिक कंप्यूटर लगे होते हैं। ये कंप्यूटर हर क्षण गणनाएँ करते रहते हैं और यान पथ-च्युत होने लगे तो उसके पथ को संशोधित करके फिर ठीक रास्ते पर ला देते हैं। पृथ्वी स्थित नियन्त्रण केन्द्रों में भी ऐसे कंप्यूटर होते हैं। वे यान के पथ पर ध्यान रखते हैं और आवश्यकता पड़ने पर पथ संशोधन का निर्देश देते हैं। दरअसल अंतरिक्ष विज्ञान में कंप्यूटर कितनी तरह से योग देते हैं इसकी गणना मुश्किल है।

वैज्ञानिकी में कंप्यूटर के अंशदान का जिक्र किया जा चुका है। मौसम व कंप्यूटर की चर्चा भी हो चुकी है। कंप्यूटरों का ही प्रताप है कि भविष्य में मौसम विज्ञान में क्रान्ति हो सकेगी। वैज्ञानिकों को आशा है कि दो या तीन हफ्ते पहले संसार भर के मौसम की भविष्यवाणी की जा सकेगी। उनके बल पर मौसम वैज्ञानिकों को वायुमण्डल के अनेक रहस्यों का पता लग सकेगा। और वे आवश्यकतानुसार मौसम को बदल सकने में समर्थ हो सकेंगे। और मौसम को आदमी अपने लाभ के लिए बदल सकेगा तो मानवता का कितना कल्याण होगा। कृषि परिवहन और मनोरंजन में तो विलक्षण क्रान्ति हो जायेगी, क्योंकि आदमी की ये गतिविधियाँ बहुत हद तक मौसम पर निर्भर हैं। अमरीका में आजकल ऐसे प्रयोग परीक्षण किये जा रहे हैं जिनमें कंप्यूटरों की मदद से पृथ्वी के मौसम के

रूपों और परिवर्तनों के नमूने तैयार किये जाते हैं। वैज्ञानिकों कहना है कि यह विधि भविष्य की क्रान्ति को जन्म देगी। लेकिन मौसम पर काबू पाना आसान काम नहीं है। यह वैज्ञानिकों को एक चुनौती है। लक्ष्य बहुत दूर है और अपरिमित धनराशि समय तथा मेधा की अपेक्षा रखता है, लेकिन अन्तरिक्ष अभियान भी तो कम बड़ा काम नहीं। अगर उसमें हम प्रगति कर सकते हैं तो मौसम विज्ञान में क्यों नहीं कर सकेंगे? फिर इसमें सारी मानवता का तात्कालिक लाभ है। शायद अन्न की कमी दूर हो सके। शायद आवागमन की सुविधायें बढ़ जायें। शायद जीवन अधिक मनोरंजक और प्रीतिकर हो सके। शायद अनेक बीमारियों से सदा के लिए मुक्ति मिल जाय। मौसम पर नियन्त्रण हो सके तो क्या कुछ न हो जाय। लेकिन कंप्यूटर इस इन्तजार में नहीं है कि मौसम बदले तो आदमी को बीमारियों से मुक्ति मिले। वे इस समय भी रोगों से जूझने में लगे हैं। आजकल प्रदूषण के नमूनों की जाँच भी कंप्यूटर में होने लगी है।

चिकित्सा की एक नयी शाखा का नाम दिया गया है चिकित्सा इलेक्ट्रानिकी। इस शाखा में वे तमाप इलेक्ट्रॉनीय उपकरण और उनके उपयोग शामिल हैं, जो विभिन्न रोगों के उपचार में काम आते हैं। लेकिन कंप्यूटर भी रोगों के उपचार में काम आते हैं। लेकिन कंप्यूटर भी रोगों के निदान और उपचार में सहायक होने लगे हैं। यह बहुत कम लोगों को मालूम है। शारीरिक प्रक्रियाओं और कंप्यूटर का यह नया सम्बन्ध आश्चर्यजनक भी लग सकता है, लेकिन वस्तुतः यह इतना आश्चर्य भरा है नहीं। न ही कंप्यूटर अकेले किसी रोग की पहचान कर सकते हैं। रोग के निदान और उपचार दोनों के लिए 'मानव' चिकित्सक नितान्त अनिवार्य है।

अमेरिका मे शिशु मृत्यु का अध्ययन कंप्यूटरों की मदद से किया जा रहा हैं। लगभग पिछले 25 साल से यह अध्ययन जारी है। इस सर्वेक्षण में शुरू-शुरू में 90 अस्पतालों ने हिस्सा लिया था। अब उनकी संख्या कहीं ज्यादा है। हर बच्चे के नाम पर एक छेददार कार्ड होता है, जिस पर तमाम वांछित आँकड़े दर्ज किए जाते हैं। मसलन बच्चे के जन्म के समय माँ की उम्र, गर्भावस्था के दौरान या प्रसूति के समय माँ के शरीर में किसी किस्म की गड़बड़ी, ऑपरेशन द्वारा या स्वभवतया बच्चे का जन्म, आदि। चिकित्सकों का विश्वास है कि इन आँकड़ों

का विश्लेषण करके कंप्यूटर पता लगा सकता है कि शिशु की मृत्यु का कारण क्या था, कि जन्म के बाद शारीरिक अवस्था कैसी रही कि किन कारणों से वह जीवित रहने योग्य शक्ति नहीं प्राप्त कर सका। उनका कहना है कि बड़े पैमाने पर इस तरह के अध्ययन करने के बाद मृत्यु-दर कम करने के उपाय खोजे जा सकेंगे।

कहते हैं कि आँख है तो जहान है। यह जहान खो न जाए, इसकी तरफ भी कंप्यूटर ने ध्यान दिया है। आँख की रचना का अध्ययन कंप्यूटर से किया जा रहा है। रुधिर से आँख के भीतर पहुँचने वाले कोशिका पदार्थों की बनावट के समान बनावट वाले पदार्थ को बना पाना कंप्यूटर के आगमन से पहले असंभव था, अब ऐसा सम्भव हो सका है, तो नेत्र रोगियों को निश्चय ही लाभ होने लगा है। यहाँ तक कि नेत्रहीन इससे फायदा उठाने लगे हैं। कंप्यूटर अंधों के लिए ऐसे उपकरण तैयार करने लगे हैं, जिनकी मदद से वे पढ़ सकें। छपे हुए शब्दों को कंप्यूटर संगीत की ध्वनि में बदल देता है और उस ध्वनि को थोड़े अभ्यास के बाद आसानी से पहचाना जा सकता है।

कैंसर आज का सबसे घातक रोग है। उसकी गिरफ्त में एक बार आ जाने पर उससे छूट पाना लगभग असम्भव है। चिकित्सक बरसों की कोशिश के बावजूद अभी तक उसे पूरी तरह समझ नहीं पाए हैं। इसके इलाज के लिए वे इंजेक्शन, ऑपरेशन, रेडियो-चिकित्सा आदि का सहारा लेते हैं। लेकिन अभी तक कैंसर का अचूक इलाज नहीं खोजा जा सका। कंप्यूटर इस युद्ध में भी आदमी की ओर से लड़ने आया है। फिलाडेल्फिया विश्वविद्यालय में कंप्यूटरों को उस तरह काम में लाया जाता है कि कैंसर कोशिकाओं के कई वर्षों के श्रम और कंप्यूटरों के सैकड़ों घण्टे-सेकेंड भर में लाखों गणनाएँ करने वाले कंप्यूटरों के सैकड़ों घण्टों के खर्चे के बावजूद अभी तक समस्या का स्पर्श भर किया जा सका है।

मानव कोशिका के एक जीन का निर्माण लगभग तीन लाख अणुओं के मिलने से होता है। हमारे तेज से तेज कंप्यूटर की रफ्तार भी इन अणुओं की रफ्तार की तुलना में बहुत ही कम है। यही वजह है कि कंप्यूटर अभी तक कैंसर

को समझा नहीं सका है। फिर भी, कैंसर कोशिकाओं को रासायनिक बनावट के बारे में कुछ उलझनें कंप्यूटर की मदद से सुलझती जा रही हैं। डॉक्टरों को आशा है कि कंप्यूटरों की मदद से ही भविष्य में कैंसर को घातक रोग की जगह सामान्य रोग का दर्जा दिलाया जा सकेगा।

सवाल किया जा सकता है कि 'कंप्यूटर-डॉक्टर' की जरूरत ही क्या है? अच्छी-से-अच्छी मशीन भी आदमी की संवेदना की जगह नहीं ले सकती। लेकिन चिकित्सकों का विचार दूसरा है। अक्सर अच्छे-से-अच्छा चिकित्सक भी भूलकर उनका गलत अर्थ लगा सकता है। कंप्यूटर यही सहायक होता है। कैसे? विख्यात फ्रांसीसी साइबर्नेटीशियन फ्रांस्बा पाइया का एक प्रयोग उसका आदर्श उदाहरण है। उन्होंने कंप्यूटर और चिकित्सक को कठघरे में ला खड़ा किया। उन्होंने आँख में एक रोगी की वर्तमान अवस्था का विवरण तथा स्वच्छमंडल (कार्निया) की 800 बीमारियों के लक्षण कंप्यूटर में प्रवेश करा दिए।

सरकार के लिए कंप्यूटर कितने काम करता है, उनकी संख्या बढ़ती जा रही है। एक अत्यंत रोचक और सनसनीखेज काम है अपराधी की तलाश। फ्रेंकेस्टाइन खुद एक अपराधी था। आज कंप्यूटर अपराधी को कानून की गिरफ्त में पहुँचाता है। यह यात्रा अपने में विलक्षण है। अपराधी की खोज वह कैसे करता है? ब्रिटेन के खुफिया पुलिस विभाग 'स्कॉटलैंड यार्ड' की फाइलों में दर्ज एक सत्यकथा है।

लन्दन का एक चोर 'फ्लैनेलफुट' नाम से मशहूर था। अब किस घर में घुसता और चोरी करके गायब हो जाता, किसी को पता तक न चलता। पाँच साल तक यह सिलसिला रहा, उसे गिरफ्तार करने की हरचन्द कोशिश के बावजूद पुलिस नामकामयाब रही। इस दौरान उसने लन्दन के अनेक उपनगरों में 2,000 चोरियाँ की। विलक्षण चोर था वह। निपट अकेला अपने काम पर जाता। उसका हमराज कोई न था। उसकी अपनी बेटी भी नहीं। जेवर वगैरह से उसे मतलब न था। उसकी निगाह हमेशा नकदी पर रहती। कोई भी मौका-मुहाल हो, घबराहट से उसका नाता न था और गलत कदम उठाना तो मानो उसकी घुट्टी में न था। अपने काम में उसने यह महारत हासिल की कि

स्कॉटलैंड यार्ड में उसके नाम पर एक अलग नक्शा था। नक्शे पर तमाम लाल झंडियाँ लगी थीं—उन तमाम मकानों की प्रतीक जहाँ रातों के अँधेरे में उसके चरण पड़े थे।

स्कॉटलैंड यार्ड के 'क्राइम इंडेक्स' में उसके नाम पर एक कार्ड था, जिसमें उसके कारनामे छेदों के रूप में मौजूद थे। इन छेदों पर पहले तो किसी का ध्यान न गया, लेकिन बाद में खुफिया अफसरों ने महसूस किया कि फ्लैनलफूट की चोरियों में एक खास पैटर्न है और यह एक विशेष नियम से चोरियाँ करता है। एक दिन किसी इलाके में चोरी करने के ठीक एक माह वह फिर अपने 'पाक इरादे' से उस इलाके में पहुँचता था। खुफिया अफसर आखिर पहले से जानने लगे कि किस विशेष रात में वह किस उपनगर में चोरी करेगा। फिर वे यह भी जानने लगे कि किस विशेष रात में उसका पर्दापण उपनगर के किस मुहल्ले में होगा। अन्त में वह दिन भी आया जब खुफिया अफसरों ने पता लगा लिया कि एक विशेष रात में वह किस घर को पवित्र करेगा। उस रात पूरे मुहल्ले में पुलिस के सिपाही छुप गये। हर गली, हर नाके पर सिपाही मौजूद थे। फ्लैनेलफुट के स्वागत की पूरी तैयारी हो चुकी थी।

घरों में घुसने और चोरी करके दबे पाँव बाहर निकल आने को फ्लैनेलफुट ने विज्ञान का रुतबा दिया था। उसे भला क्या मालूम था कि उसके फॉर्मूले की पहचान एक कंप्यूटर ने कर ली थी। वह मानव खुफिया अफसरों को धत्ता देने में पाँच साल तक सफल रहा था, लेकिन इस नये खुफिया अफसर को चकमा देना उसके बूते का न था। उस रात वह सीधा पुलिस के जाल में जा फँसा।

सरकार और कंप्यूटर का नाता दिनो-दिन गहरा होता जा रहा है। तभी तो कई कथाकारों ने कल्पना की है कि भविष्य में कभी कंप्यूटर ही 'असली सरकार' होंगे और आदमी उनका गुलाम। लेकिन अभी वह दिन दूर है। कभी आयेगा भी यह भी संदिग्ध है। फिलहाल वह आदमी का अनुचर है।

कंप्यूटर जासूस भी बने। मित्र राष्ट्रों—अमेरिका, ब्रिटेन, सोवियत संघ और उनके साथी देश के जासूस विभाग ने रिपोर्ट भेजी कि जर्मनी में एक ऐसी भयानक तोप का आविष्कार किया जा रहा है, जो बिजली की ताकत से चलेगी

और बहुत खतरनाक होगी। जाहिर था कि जर्मनी में ऐसी तोप बन गई तो मित्र राष्ट्रों के लिए जरूरी हो जा।एगा कि उनके पास उनका प्रतिकार मौजूद हो। यही खबर कई दूसरी जगहों पर भी सुनी गई। पता लगा कि चन्द दिनों के भीतर ही जर्मन तोप तैयार हो जाएगी। क्या किया जाए? न काफी समय था, न काफी यंत्र। आखिर एक कंप्यूटर की मदद ली गई। तोप के बारे में जरूरी आँकड़े गणितीय फॉर्मूलों के रूप में उसे दिए गए और उससे पूछा गया। जर्मन तोप खबरों के अनुसार घातक होगी या नहीं? कंप्यूटर फौरन काम में जुट गया। उसका निर्णय था! जर्मनी गलत रास्ते पर है; तोप चलेगी ही नहीं। निर्णय पर भरोसा किया गया। मित्र राष्ट्रों ने अपना समय व्यर्थ न खोकर दूसरों कामों में लगाया।

दूसरे विश्वयुद्ध ने एक नई गवेषणा ऑपरेशंज रिसर्च को जन्म दिया। सामरिक गवेषणा वास्तव में एक नया विज्ञान है।

युद्ध सम्बन्धी किसी भी समस्या को गणितीय फॉर्मूलों में व्यक्त किया जाता है और फिर इन फॉर्मूलों की जाँच की जाती है। अन्त में परिणाम निकलता है कि किसी विशेष परिस्थिति में क्या कदम उठाना चाहिए? इस तकनीकी का विकास पहले-पहल ब्रिटेन हुआ। वहाँ से वह अमेरिका पहुँची और अब सारी दुनिया में मान्य है। इस तकनीक का विकास युद्ध के लिए हुआ था, लेकिन अब इसका उपयोग तमाम सरकारी कामों तथा व्यापार में किया जाता है। कंप्यूटरों के प्रवेश से गवेषणा पहले की अपेक्षा कहीं अधिक सक्षम हो चुकी है। कारण स्पष्ट है संभावनाओं का पता लगाने में आदमी के दिमाग को काफी समय लगता है। कंप्यूटर अपने तेज रफ्तार वाले गुण का उपयोग करता है और कुछ घण्टों के भीतर-भीतर लाखों-करोड़ों संभावनाओं का विश्लेषण करके सही निर्णय तक पहुँच जाता है। इन तमाम संभावनाओं का विश्लेषण करने में आदमी को कई पीढ़ियाँ लग सकती हैं।

पुराने जमाने में तीर का निशाना बनाने के लिए सिर्फ आँख की जरूरत थी। पहले विश्वयुद्ध और तब दूसरे विश्वयुद्ध के बाद लम्बी मार करने वाले अस्त्रों का विकास हुआ। मसलन, अन्तःपरास प्रक्षेपास्त्र या अन्तर-महाद्वीपीय

प्रक्षेपास्त्र। उन्हें निशाने पर पहुँचाने के लिए तेज रफ्तार से गणना करने वाले कंप्यूटर नितान्त अनिवार्य है। आधुनिक युद्ध अब इस दशा में पहुँचता जा रहा है जब कंप्यूटरों के बिना लड़ना संभव ही नहीं होगा। भविष्य तो शायद एक किस्म के कंप्यूटर युद्ध का ही होगा। भविष्य तो शायद एक किस्म के कंप्यूटर युद्ध का ही युग बनेगा।

ऑपरेशंज रिसर्च के विकास के फलस्वरूप युद्ध खेल तकनीक का विकास हुआ है। यह तकनीक सामरिक कार्य का महत्त्वपूर्ण अंग बन चुकी है। अनेक संस्थाएँ लगातार में 'खेल' खेला करती है, ताकि अगर फिर कभी कोई युद्ध हो तो सर्वाधिक सक्षम युद्धनीति अपनाकर शत्रु को पराजित किया जा सके। अब ऐसं युद्ध-खेल ईजाद किए जा चुके है, जिनमें आमने-सामने लड़ाई नहीं होती लेकिन लड़ाई लड़ने के लिए जरूरी दाँव-पेंचों का उपयोग अनिवार्य है। एक खेल ऐसा है, जिसके एक पक्ष के निर्णय पर विपक्ष की कार्यवाही से निर्धारित होती है कि विजय किसकी होगी। यही पर कंप्यूटर काम आता है। एक पक्ष के निर्णय विपक्ष पर प्रतिक्रिया कितनी तरह की हो सकती है और किस प्रतिक्रिया का क्या परिणाम होगा, इसकी गणना कंप्यूटर करता है। कंप्यूटर की मदद से नये अस्त्रों और नीतियों की क्षमता की जाँच की जाती है। टैंक और प्रतिटैंक अस्त्रों की लड़ाई का खेल खेला जाता है, हवाई लड़ाई होती है, आदि इन खेलों का सबसे बड़ा फायदा यह है कि बिना बहुत-सा धन खर्च किए मालूम हो जाता है कि कोई अस्त्र या नीति सफल होगी या नहीं। कंप्यूटर अगर असफलता की घोषणा करता है तो फिर नये सिरे से खेल की योजना बनाई जाती है एक-एक नए अस्त्र के परीक्षण के लिए एक-एक हजार लड़ाइयाँ लड़ी जाती हैं प्रक्षेपास्त्रों के डिजायन और क्षेपण का निर्माण तमाम संभावनाओं पर विचार करने के बाद किया जाता है।

युद्ध-खेलों के अलावा 'कंप्यूटर' के अन्य उपयोग भी हैं। अमेरिका में एक ऐसे विशाल कंप्यूटर-समूह का निर्माण किया गया है, जो शत्रु के आक्रमण से अमेरिका की रक्षा करता है। यह एक संस्थान नहीं है। अनेक केन्द्रों में अनेक यंत्र लगे हैं। प्रक्षेपास्त्र पूर्वसूचक रेडार, विमानवाही रेडार पीत, भू स्थित रेडार तथा मौसम दफ्तरों से सूचनाएँ इन केन्द्रों में पहुँचती हैं और वहीं से एक केन्द्रीय

संस्थान नियन्त्रण में। नियन्त्रक तब प्रतिरक्षा के लिए सन्नद्ध रॉकेटों, प्रक्षेपास्त्रों, विमानों आदि की कार्यवाही करने का उपयुक्त आदेश देता है। साथ ही वह सामान्य सामरिक और नागरिक वैमानिक परिवहन का निर्देशन भी करता है। इस जटिल कंप्यूटर समूह की 'सेज' (एम.ए.जी.ई., सेमी. ऑटोमैटिक ग्राउंड एनविरोनमेट) नाम दिया गया है और इसके निर्माण से कितना खर्च आया था? लगभग खरब रुपये।

वायुसेना के विमानों में कंप्यूटरों का बड़ी संख्या में उपयोग किया जाता है। ये कंप्यूटर हवा की रफ्तार, विमान की ऊँचाई, हवा का दबाव आदि कई तरह की सूचनाएँ इकट्ठा करते हैं। रेडारों में कंप्यूटरों का उपयोग मानवप्रेक्षकों की जगह पर होता है। ये कंप्यूटर बड़ी आसानी से शत्रु के प्रक्षेपास्त्रों का पता लगा सकते हैं। कुशल से कुशल प्रेक्षक भी एक सेकिण्ड में 200,000 गणनाएँ नहीं कर सकता। एक ओर कंप्यूटर चौबीस घण्टे काम करता हुआ अन्तरिक्ष में उड़ने वाले तमाम मानव-निर्मित यानों की सूची बनाता है। काम दिनो-दिन ज्यादा-से-ज्यादा कठिन होता जा रहा है। अन्तरिक्ष में प्रयोग-परीक्षण के आकांक्षी देश पहले सिर्फ दो थे—अमेरिका और सोवियत संघ। अब जापान, फ्रांस, ब्रिटेन और चीन उसमें शामिल हो चुके हैं। परिणामस्वरूप अन्तरिक्ष में यानों और राकेटों की संख्या बढ़ती जा रही है। एक अमेरिकी कंप्यूटर देश के 500 वायु सेना के अड्डों और दूसरी संस्थाओं को एक-दूसरे से सम्बद्ध करता है। कंप्यूटर 1962 में लगाया गया था और तब वह हर रोज 1 करोड़ छेददार कार्डों का तालमेल बैठाता था। 20वीं सदी के उत्तरार्द्ध में एक चमत्कार हुआ है। पिछले तीस वर्षों में विज्ञान की एक शाखा दुनिया-भर को अपनी ओर खींचे रखने में सफल हुई हैं। इस शाखा को मोटे तौर पर 'अन्तरिक्ष-विमान' कहा जा सकता है। हालाँकि इसमें अनेक अन्य विमान भी शामिल हैं। 8 अक्तूबर, 1957 को सोवियत संघ ने अपना पहला स्पुतनिक उड़ाकर मानव के इतिहास में एक नये अन्तरिक्ष युग का प्रारंभ किया था। उस तारीख के बाद 16-24 जुलाई, 1970 को विस्मयकारी एपोलो 11 की उड़ान तक इस क्षेत्र में अनेक चमत्कारपूर्ण घटनाएँ घटित हुई हैं। विशाल सटर्न-5 राकेट या मंगल अथवा शुक्र के फोटो चित्र खींचने वाले यान सहसा एक रोमांचक आह्लाद से भर देते हैं, लेकिन हमें

उस वक्त याद नहीं आता कि उन उपलब्धियों के पीछे हजारों-लाखों आदमियों की क्षमता और अनगिनत मशीनों की कार्य-कुशलता को भी श्रेय है। इन मशीनों में एक अत्यन्त महत्त्वपूर्ण मशीन है कंप्यूटर।

अन्तरिक्ष विमान और कंप्यूटर का दाँत-काटी रोटी का रिश्ता है। यह कहना अत्युक्ति नहीं कि कंप्यूटर ने अन्तरिक्ष विज्ञान को नयी मंजिलों की ओर बढ़ाया है और अन्तरिक्ष विज्ञान के कारण कंप्यूटर ज्यादा-से-ज्यादा सक्षम, बहुधन्धी और तेज रफ्तार बन सके हैं। और दोनों चोली-दामन के रिश्तेदार कदम बढ़ाए मंजिल पर मंजिल तय किये जा रहे हैं। अन्तरिक्ष विज्ञान की प्रगति में कंप्यूटर का अन्यतम योग है।

पिछले वर्षों में एपोलो-11, 121 चन्द्रमा पर उतरने के बाद वापस आये। एक छोटा-सा पत्थर भारत में निशाना साधना पड़ता है। पृथ्वी से अन्तरिक्ष यान चन्द्रमा तक भेजना और वापस लाना गुलेल का निशाना साधने से कहीं ज्यादा मुश्किल काम है, पृथ्वी और चन्द्रमा के बीच की दूरी करीब 2 लाख 39 हजार मील है, इस दूरी को इस तरह पार करना कि यान चन्द्रमा के गुरुत्व क्षेत्र में पहुँच जाये, एक दशा में ही संभव है ठीक-ठाक मालूम कर लिया जाये कि पृथ्वी से चन्द्रमा तक पहुँचने के लिए यान का रास्ता क्या होगा। एपोलो-11 में दोहरी दिक्कत थी। वहाँ पहले से यह भी मालूम करना था कि यान चन्द्रमा पर उतरने के बाद किस रास्ते से वापस आयेगा। इसके अलावा, यह भी पहले से मालूम होना चाहिए कि राकेट को विशेष क्षण पर अपनी यात्रा आरम्भ करती है तो किस कोण पर उसे झुकना है, किस कोण पर पृथ्वी के वायुमण्डल से बाहर निकलना या उसमें प्रवेश करना है। और भी कितनी ही गणनाएँ हैं। ये सारी गणनाएँ केवल कंप्यूटर करते हैं—वे ही कर भी सकते हैं। एपोलो-11 की उड़ान से सम्बद्ध गणनाएँ करने वाला कंप्यूटर-समूह एक सेकेंड में दस लाख गणनाएँ करने की क्षमता रखता था।

लेकिन अगर पृथ्वी के सर्वश्रेष्ठ गणितज्ञों को यह गणना का काम सौंप दिया जाय तो? एक उदाहरण लीजिए : मान लीजिये कि हमें एक राकेट पृथ्वी से शुक्र की ओर रवाना करना है; राकेट को किस पथ पर यह यात्रा तय करनी

होगी, इसकी गणना कंप्यूटर भी कर सकते हैं और गणितज्ञ भी। पृथ्वी से शुक्र की यात्रा में लगभग 4 महीने का समय लगता है। इस यात्रा पथ की गणना के लिए मेधावी गणितज्ञों की 40 पीढ़ियाँ जरूरी होंगी और यात्रा की शुरुआत से 800 साल पहले गणनाओं की शुरुआत करनी होगी और कंप्यूटर? उसे इस तमाम जटिल गणना में सिर्फ 30 सेकेंड लगते हैं। 800 साल और 30 सेकेंड कंप्यूटर में समय के एहसास को ही बदल दिया है। कंप्यूटर की यह देन विलक्षण है।

अमरीका में ही 1962 में, आयकर-निर्धारण में कंप्यूटर के उपयोग की शुरुआत हुई। इस दिशा में अमरीकी सरकार के कदम लगातार बढ़ रहे हैं। जल्दी ही वहाँ की तमाम आबादी की आमदनी का हिसाब-किताब इन मशीनों के सुपुर्द हो जाएगा। तब क्या होगा? आयकर का घोटाला करने वालों की मुसीबत। आप एक जगह नौकरी करते हैं और दूसरी जगह कोई और काम, लेकिन कंप्यूटर, आपके लाख न चाहने पर भी, हिसाब दोनों जगह का रखेगा। आप किसी भी फर्म के मालिक हैं और दोहरा-तिहरा हिसाब रखते हैं। कंप्यूटर आपको भी नहीं बख्शेगा। आयकर विभाग में इन मशीनों की स्थापना पूरी तरह हो चुकी है। वे रिश्वत लेकर सरकारी खजाने को भरने से रोकती ही नहीं बल्कि रिश्वतखोरों को भी कानून की भट्ठी में झोंक देती है।

हमारे देश में कुछ वर्ष पूर्व मतगणना एक-एक पर्ची गिनकर की जाती थी। अमरीका इस क्षेत्र में भी अग्रणी देश है, वहाँ यह काम भी कंप्यूटरों के जिम्मे है। अब भारत में भी ऐसा ही हो रहा है लोग अपना वोट देने जाते हैं और उनकी गणना साथ-साथ होती जाती है। इतना ही नहीं कंप्यूटर चुनाव के परिणाम की पूर्व घोषणा भी कर देता है। 1952 में मतदान का पहला दौर समाप्त होने के दो घण्टे के भीतर एक कंप्यूटर ने आइजनहावर की विजय की घोषणा कर दी थी। शुरू-शुरू में लोगों को कंप्यूटर की भविष्यवाणी पर भरोसा नहीं था और उसके निर्णय को वे बहुत सतर्कता से स्वीकार करते थे। लेकिन उन्नत तकनीक ने कंप्यूटर के प्रति विश्वास में वृद्धि की और 1960 में चुनाव की रात 8 बजकर 12 मिनट पर कंप्यूटर ने केनेडी की विजय घोषित कर दी

तो किसी अति शंकालु व्यक्ति को ही अविश्वास हुआ होगा। गत 8 वर्षों में यह विश्वास और बढ़ चुका है।

कंप्यूटर भविष्यवाणी कैसे करता है? उसे पिछले चुनावों की जानकारी दी जाती है। जैसे 1960 के चुनाव से पहले उसे 1928, 1948, 1952 और 1956 के चुनाव परिणाम के आँकड़े उसे प्रविष्ट कराए गये। तब उससे तरह-तरह के सवाल पूछे गये। अब भारत में भी चुनाव सूचनाओं में विस्तृत तौर पर कंप्यूटर का प्रयोग होने लगा है।

इन सवालों के उत्तर देते हुए वह एक परिणाम पर पहुँचा और उसकी भविष्यवाणी सही निकली। अब तो कंप्यूटर चुनाव सम्बन्धी प्रचार-प्रसार कार्य का अनिवार्य अंग है। चुनाव सम्बन्धी दूसरे काम भी अब कंप्यूटर सँभालने लगा है। उम्मीदवारों का चुनाव करने में भी इसका प्रयोग होता है।

दूसरा विश्वयुद्ध एक अलग तरह का युद्ध था। इलेक्ट्रॉनिक युद्ध, जिसे चलाने के लिए अत्याधुनिक युद्ध संचालन तकनीक काम में लाई गई। उस लड़ाई में कंप्यूटर ने काफी बड़ा हिस्सा लिया था और लड़ाई के कारण उनका विकास हुआ। युद्ध और टेक्नोलॉजी का दाँतकाटी रोटी का रिश्ता है। युद्ध में टेक्नोलॉजी का प्रयोग किया गया हैं। युद्ध के कारण टेक्नोलॉजी का त्वरित विकास हुआ है। कई बार विज्ञान के नये सूत्र भी युद्ध के कारण मिले हैं। कंप्यूटर के साथ भी यही हुआ। दूसरे युद्ध में उन्होंने सिपाहियों की नियुक्ति, जीवन बीमा, युद्ध-नीति आदि काम किए। सचल कंप्यूटर यूनिट सेना की अगली पंक्ति के पास ही रहती थी। हवाई जहाज तथा रेलों में ऊँचे दर्जे की टिकटों के रिजर्वेशन कराने में कंप्यूटर बहुत ही सहायक सिद्ध हुए हैं। अब तो प्रदूषण के क्षेत्र में भी कंप्यूटर उपयोग होने लगे हैं।

कंप्यूटर द्वारा बैंक से पैसे निकालना

पहले बैंक से अपना कार्ड डालकर गुप्त कोड को दबाइये। फिर आप कंप्यूटर को बताइये कि आप अपने खाते में से पैसे लेना चाहते हैं। अकाउन्ट में बची हुई धनराशि का पता इसके बाद आप उसे बता दीजिए कि पैसा

चाहिए। इसका निवेश करने के बाद कंप्यूटर हिसाब लगाकर आपको पर्दे पर दर्शायेगा कि आपके निदेशानुसार कार्य किया गया है। यदि आप संतुष्ट है तो ओ.के. की को दुबारा दबा दीजिए, बस आपका पैसा, पाउंड, डालर जो भी है, स्वतः बाहर आ जाएगा। आप अपना पैसा लेकर चल पड़ो, कंप्यूटर की झिरी आपको कार्ड वापस कर देगी।

आप लोग यह जानकर प्रसन्न होंगे कि कंप्यूटर अब तो निम्नलिखित कार्य-क्षेत्रों में भी आ गये हैं :

- फोटोग्राफी
- ज्योतिष।
- काउण्टर रसीद।
- बीजों की किस्में।
- गर्भ में लड़का होगा या लड़की।
- जैनेटिक्स।
- देश-विदेश में पढ़ने वाले छात्रों का चयन।
- शोध-कार्य में छात्रों का चमन।
- स्टाफ सलेक्शन कमीशन द्वारा अध्यापकों का चयन इत्यादि।
- अनुवाद हेतु पुस्तकों की सूची।
- बड़ी (केन्द्रीय तथा राज्यीय योजनाओं के क्रियान्वयन की निगरानी।
- भारतीय सांख्यिकी सेवा तथा सरकार के सांख्यिकी विभागों के प्रकाशन कार्यक्रम इत्यादि-इत्यादि।

भारत में एक महान महत्त्वाकांक्षी कंप्यूटर योजना

भारत जैसे महान देश में जहाँ 450 के ऊपर जनपद हों तो वहाँ पर प्रांतीय तथा जिला स्तर की योजनाएँ तैयार करने के लिए आँकड़े और वह भी सच्चे तथा विश्वसनीय एकत्रित करना केन्द्रीय सरकार के नियोजकों के लिए बड़ा क्या महानतम कठिन कार्य था, जो अब कंप्यूटर द्वारा काफी आसान हो गया है। कंप्यूटर टेक्नोलॉजी का जिस तीव्रगति से भारत में विकास हो रहा है उसे मद्देनजर रखते हुए उसे कंप्यूटर जाल की अवश्य संभावना की जा सकती

है। सिद्धान्त रूप से मेरी इस कल्पना में कोई दार्शनिकता नहीं अपितु वास्तविकता है। जब दिल्ली में रेलवे के टिकट चार-पाँच–विभिन्न क्षेत्रों से बुक करके एक केन्द्रीय स्थल (नई दिल्ली) या पुरानी दिल्ली स्टेशन पर भेजे जा सकते हैं तो फिर हर जिले से दिल्ली स्थित केन्द्र को सूचना मिलने में किसी तकनीकी अड़चन की कोई गुंजाइश नहीं मानी जा सकती। दिल्ली में यह कंप्यूटर जाल कुछ इस प्रकार का बताया गया है। दिल्ली क्षेत्र के इस कंप्यूटर जाल में चार विभिन्न दूरस्थ क्षेत्रों से टिकिटों के रिजर्वेशन की स्थिति केन्द्रीय कंप्यूटर केन्द्र को भेजी जाती है जिसका हर क्षेत्र के मुख्य कंप्यूटर पटल पर प्रदर्शन किया जाता है जिसे हर नागरिक पढ़ सकता है। इसी प्रकार हम देश के लगभग 450 जिलों को दिल्ली से सीधा जोड़ सकते हैं और ज्यादातर को जोड़ दिया गया है। हम जैसी चाहें वैसी सूचना प्राप्त कर सकते हैं। इस प्रकार के जाल में यह जरूरी नहीं है कि जिले से सूचना पहले राज्य की राजधानी को भेजी जाये अपितु जिले से सीधे ही यह सूचना केन्द्र को प्राप्त हो सकेगी। जिससे केन्द्र अति सूक्ष्म स्तर की योजनाएँ बनाने में समर्थ हो सकता है।

जिला स्तरीय कंप्यूटर जाल में मूचनाओं की सारणि (चैनल) राज्य स्तरीय राजधानी अथवा उस बड़े नगर से होकर होती है जहाँ पर आतिथेय (होंस्ट) कंप्यूटर स्थापित किया गया है। इस प्रकार सूचना का बहाव जिला राज्य तथा केन्द्र या इसके विपरीत केन्द्र–राज्य–जिला प्रकार का होगा। अब क्योंकि सूचना कृत्रिम उपग्रह के माध्यम से प्रसारित होती है, इसलिए जिला-राज्य-केन्द्र को बिजली के तारों द्वारा जोड़ने की आवश्यकता नहीं पड़ती है। यहाँ तक कि उत्तर-पूर्व के राज्यों, जैसे–असम, मेघालय, मणिपुर, त्रिपुरा व अरुणाचल को भी केन्द्र से जोड़ने में आसानी होगी और हो गया है। यदि यह कार्य बिजली के तारों द्वारा किया जाता तो इस प्रकार के दूरगामी-दुर्गम क्षेत्रों को इस प्रकार के जालों में जोड़ना कठिन होता।

वर्ड प्रोसेसर के रूप में कंप्यूटर का प्रयोग

कंप्यूटर केवल सांख्यिकी आँकड़ों के प्रगतन में ही दक्ष नहीं होता अपितु शाब्दिक प्रगति के लिए भी उपयोगी होता है। इससे पत्र, अर्द्ध-शासकीय पत्र,

कार्यालय ज्ञापन तथा टिप्पणियाँ और रिपोर्ट सभी तैयार किये जाते हैं।

यहाँ एक बात का उल्लेख करना लेखक ने आवश्यक समझा है और वह यह है कि छोटे-छांटे नोट, टिप्पणी अथवा पत्रों को कंप्यूटर पर तैयार करना सस्ता नहीं पड़ता, क्योंकि वास्तविक क्षमता का प्रयोग नहीं हो पाता। जो कार्य सामान्य टाइप राइटर से सम्पन्न हो सकता है उसके लिए कंप्यूटर को घेरकर बैठ जाना विवेकपूर्ण माना जाता है। इसलिए यह दैनिक अभ्यास की बात नहीं बनानी चाहिए। हाँ, कभी-कभार अति आवश्यक परिस्थिति में जब कंप्यूटर का प्रयोग अपरिहार्य हो जाय, तभी इसे वर्ड प्रोसेसर के रूप में छोटे-छोटे कार्यों के लिए प्रयोग किया जाय।

हाँ, जब ऐसा समय आ जाय कि हर अधिकारी के पास अपना पी.सी. उपलब्ध हो जाय, तब वह अपनी इच्छानुसार प्रयोग करने के लिए स्वतन्त्र होगा ही। और काफी कुछ ऐसा हो भी गया है। हाँ, आज की स्थिति में तो बड़े-बड़े कार्यों, जटिल संगणनाओं व भारी परकिलनों में ही कंप्यूटर का प्रयोग उपयोगी कहा जाता है। लेखक का अभिप्राय यह है कि हमको कंप्यूटर की अधिकतम क्षमता का प्रयोग करना चाहिए, जिसके लिए इसका निर्माण किया गया है। छोटे-छोटे टाइप के कार्य कंप्यूटर द्वारा सम्पादित करने से कंप्यूटर की क्षमता का पूरा प्रयोग नहीं होता। वास्तव यह तो कंप्यूटर पर से धूल हटाने वाली बात कही जा सकती है कि यदि अधिकारी उसकी सारी क्षमता का लाभ नहीं उठा पाते तो चलो कुछ तो काम इससे ले लिया जाय अर्थात् भागते भूत की लँगोटी ही सही। कुछ तो हाथ लगे।

अध्याय 11

ऑपरेटिंग सिस्टम

ऑपरेटिंग सिस्टम को कंप्यूटर की आत्मा कहा जाता है। इसकी मदद से कंप्यूटर ऑपरेटर द्वारा दिए गए निर्देशों के अनुसार कार्य करता है। इसके अलावा विभिन्न फाइलों पर नियंत्रण, प्रिंटर मॉनीटर आदि की जाँच आदि का कार्य भी ऑपरेटिंग सिस्टम द्वारा संपन्न होता है। इस रूप में ऑपरेटिंग सिस्टम कुछ विशेष प्रोग्रामों का ऐसा समूह है जो दिए गए निर्देशों को मशीनी भाषा में परिवर्तित करता है। जिस भी कंप्यूटर पर कार्य करना हो वहाँ ऑपरेटिंग सिस्टम का होना जरूरी है।

ऑपरेटिंग सिस्टम दो तरह के होते हैं :

1. एकल उपभोक्ता एकल कार्य (Single user single tasking)

जैसे– (DOS) डॉस, M.S. DOS, XENIX, CP/M, OS/2, UNIX

2. अनेक उपभोक्ता एकल कार्य (Multi User Single Tasking)

डॉस (DOS) : डिस्क ऑपरेटिंग सिस्टम

सबसे पहले डिस्क ऑपरेटिंग सिस्टम को 1980 में बिलगेट्स वे पाल एलैन ने लिखा था तथा सर्वप्रथम पर्सनल कंप्यूटर पर IBM ने 1981 में प्रयोग किया था। DOS (डॉस) एक एकल उपभोक्ता एकल कार्य (Single user single tasking) ऑपरेटिंग सिस्टम है। डिस्क ऑपरेटिंग सिस्टम को दो भागों

में बाँटा जा सकता है :

1. रेजिडेंट (RESIDENT)

2. ट्रासिंडेंट (TRANSIDENT)

1. रेजिडेंट (RESIDENT)

इसे रौम बीओस (Rom BIOS) भी कहा जाता है। यह कंप्यूटर के उत्पाद के समय ही रोम में स्थापित कर दिया जाता है। जब कंप्यूटर को BOOT किया जाता है, तो वह स्वयं कंप्यूटर के हार्डवेयर के भागों की जाँच करता है।

2. ट्रासिंडेंट (TRANSIDENT)

ज्यादातर प्रयोग में लाया जाने वाला ट्रासिंडेंट ऑपरेटिंग सिस्टम (TRANSIDENT OPERATING SYSTEM) एक अमेरिकन कंपनी द्वारा विकसित किया गया। इसे हम एम.एस.डॉस (MS-DOS) अर्थात् माइक्रोसाफ्ट डिस्क ऑपरेटिंग सिस्टम कहते हैं।

डॉस के प्रमुख कार्य

- स्मृति तथा केंद्रीय प्रकलन इकाई (C.P.U.) पर नियंत्रण।
- डॉस का कार्य हार्डवेयर व सॉफ्टवेयर के मध्य संबंध स्थापित करना है।
- हार्ड डिस्क से फ्लाफी पर बैकअप प्राप्त करना।
- नई फाइलों का निर्माण, पुरानी फाइलों को मिटाना, फाइलों का नामकरण व नाम परिवर्तन।
- फ्लापी को फॉरमेट करना।

कुछ कार्यों को डॉस स्वयं करता है तथा कुछ कार्य आप इससे करा सकते हैं।

आप डॉस से इन कार्यों को करा सकते हैं। इन कार्यों को डॉस स्वयं करता है।

डॉस

प्रथम कैरेक्टर यह बताता है कि इस समय कौन-सी डिस्क ड्राइव क्रियाशील (Active) हैं। फ्लापी पर डिस्क ड्रावरों को A या B ड्राइव कहते हैं, हार्ड डिस्क (Hard disk) को C ड्राइव कहते हैं। ड्राइव के इस अक्षर के बाद ज्यादा (<) कस चिंह होता है और फिर कर्स (_) होता है, जो बार-बार चकमता है। प्रॉम्प्ट (Prompt) कमाण्ड के द्वारा कमाण्ड प्रॉम्प्ट की शक्ल को अलग-अलग रूपों में बदला जा सकता हैं।

डॉस के कार्य (Functions of DOS)

डॉस एक माध्यम का काम करता है, जो हार्डवेयर और सॉफ्टवेयर में संबंध स्थापित करता है।

की-बोर्ड या माउस द्वारा दिए गए कमाण्डों को डॉस ऐसी भाषा में अनूदित करके संदेशों का रूप देता है, जिसे कंप्यूटर समझ सकता है।

सी.पी.यू. संदेशों को प्रोसेस करके परिणाम निकालता है और उनको संदेशों के रूप में वापस भेजता है, जो मॉनीटर पर प्रदर्शित होते हैं या प्रिंटर द्वारा उस भाषा में प्रिंट होते हैं, जिसे हम समझते हैं।

सिस्टम यूनिट में कंप्यूटर का मस्तिष्क होता है अर्थात् इसमें केंद्रीय प्रकलन इकाई हार्ड डिस्क आदि होते हैं। परंतु ये सभी डॉस द्वारा संचालित होते हैं और डॉस का संचालन उन कमाण्डों द्वारा होता है, जो आप की-बोर्ड पर टाइप करते हैं।

डॉस के विभिन्न निर्देश

डॉस के निर्देश दो तरह के होते हैं :

1. आंतरिक 2. बाह्य

1. आंतरिक निर्देश :

जब भी कंप्यूटर की पावर सप्लाई ऑन की जाती है तब जो निर्देश अपने आप रैम (RAM) में लोड हो जाते हैं, उन्हें आंतरिक निर्देश कहते हैं।

जैसे—सीडी (CD), डॉयर (DIR), एम.डी (MD), रन (REN), डेल (DEL), कॉपी कॉन (DOP CON), डेट (DATE), टाईम (TIME), सी एल एस (CLS), वेर (VER)।

2. बाह्य निर्देश :

यह ऐसे निर्देश हैं जो डिस्क पर उपस्थित रहते हैं तथा जरूरत पड़ने पर इन्हें डिस्क से रैम में लोड ऑपरेटर द्वारा किया जाता है ताकि कार्य समाप्ति के पश्चात् यह स्वयं डिस्क में वापिस चले जाते हैं।

जैसे—डिस्क कापी (DISK COPY), डिस्क कॉम्प (DISK COMP), फॉरमेट (FOMAT), एम एस बैक (MS BACK), एक डिस्क (FDISK) प्रॉम्प्ट—

डिस्क में रैम के लोड हो जाने के बाद एक प्रॉम्प्ट प्रदर्शित होता हैं, जो यह बताता है कि आपका सिस्टम निर्देश लेने के लिए तैयार है।

कमाण्ड प्राम्प्ट का रूप

C:/>_

पहला कैरेक्टर यह बताया है कि इस समय कौन-सी डिस्क ड्राइव क्रियाशील है। फ्लॉपी डिस्क ड्राइव के लिए 'ए' अथवा 'बी' कैरेक्टर का प्रयोग किया जाता है। इन कैरेक्टरों के चुनाव के पश्चात् प्रॉम्प्ट इस प्रकार प्रदर्शित होगा

A:>_

या

B:>_

कभी-कभी यह प्रॉम्प्ट इस रूप में भी प्रदर्शित होता–

C:/> _

या

A:/> _

या

B:/> _

डॉस के कुछ महत्त्वपूर्ण निर्देशों का उपयोग :

1. टाईम (TIME)

यदि अधिक पास कंप्यूटर का उपयोग करते समय घड़ी उपलब्ध नहीं है और आपको समय जानने की इच्छा है तो सिर्फ आपको इतना करना होगा कि अपने डॉस प्रॉम्प्ट के आगे टाईम लिखना होगा और स्क्रीन पर टाईम हो जाएगा।

उदाहरण–C:/> TIME

2. दिनांक (DATE)

टाइम की ही तरह आप अपने कंप्यूटर पर दिनांक की जाँच भी कर सकते हैं।

उदाहरण–C:/> TIME

यदि कंप्यूटर की किसी खराबी के कारण से सही दिनाँक उपस्थित नहीं हो रहा तो आप नया दिनाँक भी इसमें डाल सकते हैं।

3. वर्जन (VERSION)

आपका डॉस वर्जन का है। इसे जानने के लिए आप इस कमाण्ड का प्रयोग करेंगे।

उदाहरण–C:/> VER

4. फाइल का निर्माण

जिस तरह आप अपने ऑफिस में विभिन्न प्रकार की फाइलें बनाते हैं, ताकि जानकारी को उसमें सुरक्षित रखा जा सके, ठीक वैसी ही फाइलों का निर्माण हम कंप्यूटर पर भी कर सकते हैं। नयी फाइल बनाने के लिए 'COPY CON' कमाण्ड का प्रयोग किया जाता है।

उदाहरण–C:/> कमाण्ड + फाइल का नाम

C:/>COPY CON SEEMA

इस निर्देश से कंप्यूटर पर सीमा नाम की फाइल बन जाएगी।

फाइल निर्माण में ध्यान देने योग्य तथ्य :

1. फाइल का नाम 8 अक्षरों से ज्यादा का नहीं होना चाहिए।

2. A से Z तक कोई भी अक्षर नाम के लिए प्रयुक्त किया जा सकता है।

3. निम्नलिखित शब्द फाइलों के नामकरण के लिए प्रयुक्त नहीं होते–कॉन (CON) कॉम 1 (COM1), कॉम 2 (COM2), कॉम 3 (COM3), कॉम 4 (COM4), ए वी एक्स (AVX), एलपीटी.1 (LPT1), एलपीटी 2 (LPT2), एलपीटी 3 (LPT3), पी आर एन (PRN), एन यू एल (NUL)

4. कभी-कभी फाइल के नाम के साथ उसके विस्तारित नाम का भी उल्लेख किया जाता है जैसे–

C:/> SEEMA. RPT

विस्तारित नाम 0 से 3 अक्षर तक का हो सकता है।

5. बनी हुई फाइल को देखना

यदि आप पहले से बनी हुई फाइल को स्क्रीन पर देखना चाहते हैं तो आपको टाईप (TYPE) कमाण्ड देनी होगी।

C:/>TYPE + फाइल का नाम

C:/>TYPE SEEMA

6. डायरेक्टरी का निर्माण

फाइलों को सुरक्षित रखने के लिए उन्हें अलमारी में रखा जाता है। यह अलमारी ही एक तरह की डायरेक्टरी कहलाती है। डॉस में फाइलों को सुरक्षित रखने के लिए डायरेक्टरी का निर्माण किया जाता है। इसके लिए 'CD' कमाण्ड का प्रयोग किया जाता है।

C:/> कमाण्ड + डायरेक्टरी का नाम

C:/> CD WS

7. फाइल के नाम में परिवर्तन (REN)

पहले से बनी फाइल के नाम में परिवर्तन के लिए 'REN' कमाण्ड का प्रयोग किया जाता है।

C:/>कमाण्ड + पुरानी फाइल का नाम + नयी फाइल का नाम

C:/>REN SEEMA SUMAN

8. फाइल मिटाने के लिए (DEL)

यदि डॉस में से फाइल को मिटाना हो तो 'DEL' कमाण्ड का प्रयोग करते हैं।

C:/>कमाण्ड + फाइल का नाम

C:/>DEL SEEMA

यदि डायरेक्टी को मिटाना है तो उसके लिए 'RD' कमाण्ड का प्रयोग किया जाए। ध्यान देने योग्य बात है कि डायरेक्टरी (मूल डायरेक्टरी) तभी मिटेगी यदि वह खाली है, यानि उसमें कोई फाइल या सब-डायरेक्टरी न हो।

9. डी आई आर (DIR)

सभी फाइलों एवं डायरेक्टरियों की सूची देखने के लिए 'DIR' कमाण्ड का प्रयोग किया जाता है।

C:/>DIR/P पृष्ठानुसार

C:/>DIR/W लंब (WIDTHWISE) रूप में

10. स्क्रीन साफ करने के लिए CLS (Clearing the Screen)

जब आप स्क्रीन पर लिखे सारे संदेश साफ करना चाहते हों, तो निम्न कमाण्ड टाइप करें।

C:/>CLS

11. बूटिंग (BOOTING)

कंप्यूटर की पावर सप्लाई प्रारम्भ होने से लेकर उसके कार्य करने के लिए तैयार होने की पूरी प्रक्रिया को बूटिंग कहते हैं। बूटिंग के दौरान कंप्यूटर (RAM) में लोड करता है तथा अपने साथ जुड़े सभी यंत्रों (PERIPHERALS) की जाँच करता है। इसके बाद यह स्क्रीन पर डॉस प्राम्प्ट (DOS PROMP) को प्रदर्शित करता है। प्राम्प्ट उसी ड्राइवर का होता है जिस ड्राइव के द्वारा कंप्यूटर में बूटिंग की प्रक्रिया संपन्न की जाती है। फ्लॉपी ड्राइव के लिए A: तथा B: प्राम्प्ट का प्रयोग किया जाता है तथा हार्ड डिस्क के लिए C: प्राम्प्ट का प्रयोग होता है। बूटिंग दो प्रकार की होती है :

1. कोल्ड (COLD)
2. वार्म (WARM)

अध्याय 12

कंप्यूटर वायरस

कंप्यूटर वायरस कुछ निर्देशों का एक कंप्यूटर प्रोग्राम है, जो काफी सूक्ष्म तथा अति शक्तिशाली होता है। यह कंप्यूटर में प्रवेश पाकर प्रोग्राम को क्षतिग्रस्त कर देता है, जिससे कंप्यूटर की आंतरिक प्रणाली ठप्प हो जाती है। वायरस से प्रभावित कंप्यूटर की कार्य प्रणाली में गलतियाँ तथा विभिन्न प्रकार की समस्याएँ उत्पन्न हो जाती हैं।

वायरस के लक्षण

1. कार्यकारी प्रोग्राम की स्मृति में लोड किये बिना ही उपलब्ध स्मृति (RAM) का कम हो जाना
2. बिना कारण फाइल के आकार में परिवर्तन हो जाना
3. फाइलों की संख्या में परिवर्तन होना
4. कंप्यूटर का हेंग (Hang) हो जाना।

वायरस के विभिन्न प्रकार

1. बूट सेक्टर वायरस
2. फाइल वायरस
3. अन्य वायरस

वायरस से बचाव

1. एंटी वायरस (Anti-Virus)—वायरस से बचाव की खातिर मूल EXE. तथा COM. फाइलों की एक प्रति एक राइट प्रोटेक्ट डिस्क में सुरक्षित रखें तथा बाहर की फ्लापी डिस्क का प्रयोग तब तक न करें जब तक यह सुनिश्चित न हो जाए कि वह डिस्क वायरस संक्रमण से पूर्णतः मुक्त है।

क्या है वाई-2-के की समस्या

1999 में एक घटना के बारे में पूरी दुनिया में चिंता व्यापक हो गई थी कि 31 दिसंबर, 1999 की मध्यरात्रि को ठीक ग्यारह बजकर उनसठ मिनट के तुरंत बाद दुनिया के अनेक कंप्यूटर नाकारा हो जायेंगे। चाहे वैज्ञानिक अनुसंधानशालायें हो या बैंकिंग व्यवस्था, चिकित्सालय हों या बीमा योजनाओं में गणना का कार्य, मौसम विभाग अथवा रेल तथा हवाई जहाजों में आरक्षण—जाने कितने स्तरों पर खतरा हमारे सिरों पर मंडरा रहा है। सभी जानते हैं कि कंप्यूटर का सबसे महँगा व उपयोगी हिस्सा है—मेमोरी अर्थात् उसकी 'स्मरण शक्ति अथवा स्मृति'। जितनी ज्यादा मेमोरी की क्षमता होगी कंप्यूटर उतना ही महँगा तथा उपयोगी होगा। इतनी खर्चीली स्मृति का खर्चा कम करने की दृष्टि से ही आज से तीस वर्ष पूर्व ही कंप्यूटर का निर्माण करने वाले वैज्ञानिकों ने सोच-विचार कर निश्चय किया कि तारीख में साल के चार अंकों की बजाय दो अंक ही डाले जायें। परिणाम, तारीख लिखते समय सन् के लिए 1965 या 1977, 1998 न लिखकर केवल 65, 77, 98 लिखा जाने लगा। शुरू का 19 कंप्यूटर की स्मृति में एक बार डाल दिया गया। इससे कंप्यूटर की महँगी स्मरण शक्ति में काफी बचत हो पायी।

यही समस्या की शुरुआत थी। सन् 1990 में वैज्ञानिकों को अपनी गलती का अहसास हुआ। उन्हें ख्याल आने लगा कि सन् 2000 आते ही अंतिम दो अंक '00' हो जायेंगे, तब शुरू होगा भयानक तकनीकी विध्वंस।

शताब्दी के अंतिम दिन कंप्यूटर में 31.12.99 तारीख होगी, जो मध्यरात्रि को 12:00 बजे 01.01.00 हो जायेगी। ऐसे में कंप्यूटर का दिमाग क्या सोचेगा?

क्या उसका कालचक्र उल्टा चल निकलेगा? इसी विध्वंसक समस्या को नाम दिया गया-वाई-2-के अथवा मिलेनियम बग। समस्या इसलिए उठी की कंप्यूटर 1900 से प्रारंभ होने वाली शती का 19 तो जानता है किंतु 2000 के 20 को नहीं जानता। वह नये वर्ष को केवल 1900 ही समझता है, अतः 2000 की अंतिम '00' (दो जीरो) आने पर वह फिर से अपना सन् 1900 से शुरू कर देगा।

आप निम्न उदाहरण से इस समस्या की भयावहता को समझ सकते हैं :

मान लीजिये आपने 4 जनवरी, 1998 को बैंक में दस हजार रुपये दो वर्ष के लिए 10 प्रतिशत ब्याज पर जमा करा रखे थे। अब बैंक दस हजार का 1998 जनवरी से 1999 जनवरी तक का एक वर्ष का ब्याज एक हजार रुपये आसानी से देगा। पर जनवरी 1999, से 10 जनवरी 2000 तक के ब्याज की जब कंप्यूटर द्वारा गणना की जायेगी तब कंप्यूटर 2000 को 1900 मान कर 1900 ई. से 1999 ई. तक 99 वर्ष का ब्याज जोड़ने लगेगा।

मान लो आपका जन्म सन् 1961 में हुआ है। सन् 2000 में कंप्यूटर में आई तिथि के अनुसार आपको सन् 1961 में रिटायर हो जाना चाहिये था क्योंकि उसके अनुसार तो 1900 से 1961 तक आप 61 वर्ष के हो चुके हैं। यानि कुल मिलाकर समय की गति ही उल्ट हो जायेगी।

यही नहीं, इसके अलावा भी बहुत सी अनेक घटनाएँ ऐसी हो सकती हैं, जिससे हमारी समस्त गति ही रुक जाये। कंप्यूटर से लगाये जाने वाले सभी ताले, सिग्नल, मौसम विभाग की भविष्यवाणियाँ, लिफ्ट, जो कंप्यूटर से चालित हैं आदि जाने कितनी अघटित घटनाएँ घट सकती हैं।

क्या करें?

1. इसके हल के लिए किये जाने वाले खर्च के लिए तैयार रहें।

2. समस्या के समाधान के लिए कहाँ-कहाँ परिवर्तन जरूरी हैं, ढूँढ़िये और उसके अनुरूप हल निकालिए।

3. संस्था के समस्त कर्मचारियों को 'वाई-2-के' की समस्या से अवगत कराइये।

4. दूरदर्शन के माध्यम से विशेष बुलेटिनों द्वारा समस्या से सामान्य लोगों को भी अवगत कराइये ताकि अपने घरों में प्रयुक्त होने वाले कंप्यूटरों के लिए वे सलाह ले सकें।

5. कंप्यूटरीकृत विकास कार्य की शुरुआत होनी जरूरी है, ताकि इस कार्य के विशेषज्ञ इससे जूझने के लिए तैयार हो जायें।

अध्याय 13

इण्टरनेट एवं ई-मेल

आज का युग सूचनाओं का युग है, और दूर-संचार के क्षेत्र में इण्टरनेट बहुत ही महत्त्वपूर्ण संचार प्रणाली बन गई है। जीवन के सभी क्षेत्रों में इण्टरनेट छा गया है। इण्टरनेट ने कंप्यूटर के क्षेत्र में की गई प्रगति को नए आयाम प्रदान किए हैं। इण्टरनेट के आविष्कार ने यह प्रमाणित कर दिया है कि कंप्यूटर अब केवल एक

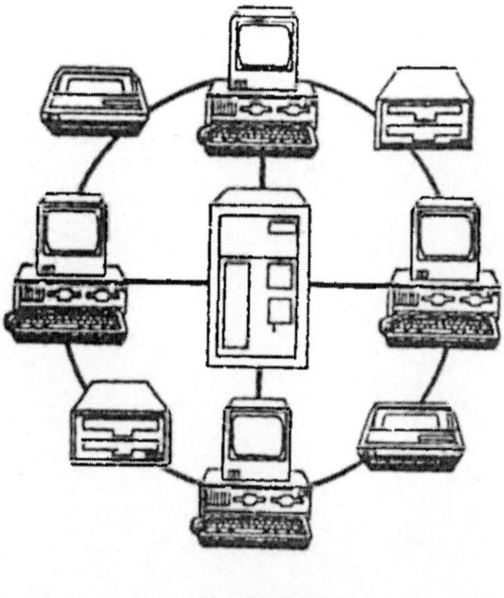

चित्र 1

गणक नहीं बल्कि सूचना के आदान-प्रदान का एक मुख्य साधन है। इण्टरनेट द्वारा आप किसी भी व्यक्ति से सम्पर्क स्थापित कर सकते हैं। इस अध्याय में हम इण्टरनेट और उससे संबधित ई-मेल फाइल ट्रांसफर वर्ल्ड वाइड वैब (w.w.w.) के विषय में जानकारी देंगे। स्थानीय क्षेत्र नेटवर्क आसपास के क्षेत्रों का सम्बन्ध स्थापित करता है।

इण्टरनेट क्या है?

इण्टरनेट समस्त पृथ्वी के लोगों का एक मिला-जुला समूह है, जो कंप्यूटर केबलों और टेलीफोन लाइनों की सहायता से एक-दूसरे से सामान्य भाषा द्वारा संचार स्थापित करता है।

इण्टरनेट में सभी कंप्यूटर एक-दूसरे से जुड़े होते हैं और इन जुड़े हुए कंप्यूटरों को प्रयोग कर्ता इस्तेमाल कर सकता है। इण्टरनेट से पूर्व लोकल एरिया नेटवर्क या वाइड एरिया नेटवर्क प्रयोग होते थे।

ई-मेल (E-Mail)

आप ई-मेल नामक सुविधा से सिर्फ लिखित रूप से संदेशों का आदान-प्रदान कर सकते हैं, परंतु इण्टरनेट के माध्यम से आप अपने प्रियजनों की आवाज़ भी सुन सकेंगे एवं उनकी सूरत देख सकेंगे। इण्टरनेट एक नेटवर्कों का नेटवर्क है। इसके सदस्य देशों की संख्या 160 से ज्यादा है और इसके 4 करोड़ से भी अधिक उपभोक्ता हैं।

यही कारण है कि इसे विश्व का नेटवर्क माना गया है। यह विश्वभर की अनेक शैक्षणिक, औद्योगिक, सरकारी और गैर-सरकारी संस्थाओं और व्यक्तियों को आपस में जोड़ता है। इण्टरनेट सूचना प्रौद्योगिकी के क्षेत्र में एक महत्त्वपूर्ण आविष्कार है। इससे संप्रेषण में अत्यधिक विकास हुआ। अब सूचना एवं आदान-प्रदान काफी तेजी से, विश्वसनीय एवं सरल ढंग से होने लगा है। कंप्यूटर की इसी उपलब्धि का नाम विशेषज्ञों ने 'इण्टरनेट' दिया है।

चित्र 2

इण्टरनेट प्रणाली इस्तेमाल करने वाला स्त्रोतों की भागीदारी करता है। इसमें किसी भी सूचना को एक कंप्यूटर से दूसरे कंप्यूटर पर प्राप्त किया जा सकता है। हमें इण्टरनेट संचार के लिए निम्नलिखित की जरूरत होती है :

* जिस व्यक्ति से सम्पर्क स्थापित करना है उसका पता।
* इलेक्ट्रानिक संदेशों द्वारा आँकड़ों को एक सुरक्षित तरीके से एक स्थान से दूसरे स्थान तक भेजना।

इस काम के लिए कुछ निश्चित नियम हैं, जिनके द्वारा इण्टरनेट पर आँकड़ों की भेजा और प्राप्त किया जाता हैं। इसके लिए दो भाग होते हैं। T.C.P. (ट्रांसमिशन कंट्रोल प्रोटोकोल और I.P.(इण्टरनेट प्रोटोकोल), इन दोनों को मिलाकर हम T.C.P./I.P.कहते हैं। दूसरी मशीन तक सूचनाएँ भेजने के लिए T.C.P. आँकड़ों को छोटे-छोटे पैकेटों में तोड़ती है। इसके द्वारा किसी भी दस्तावेज की त्रुटियाँ सुधर जाती हैं। I.P.द्वारा वांछित पते पर सूचनाएँ भेजी जाती हैं।

स्त्रोत से वांछित पते तक यह आवश्यक नहीं कि सभी पैकेट एक ही रास्ते से जाएँ। एक विशेष मशीन द्वारा जिसे रूटर कहते हैं, उसके द्वारा अलग-अलग रास्ते चुने जाते हैं। एक-दूसरे स्पेशल हार्डवेयर द्वारा अलग-अलग इलेक्ट्रानिक नेटवर्क, इण्टरनेट पर प्रयोग किए जाते हैं।

T.C.P./I.P.में आई.पी. द्वारा इण्टरनेट के पते दिए जाते हैं। इण्टरनेट पते दो टाइप के होते हैं :

* पहले पते वे हैं जिन्हें व्यक्ति समझता है तथा उन्हें शब्दों में प्रदर्शित किया जाता है।
* दूसरे तरह के पते वे हैं जो मशीन द्वारा समझे जाते हैं और उन्हें संख्याओं में प्रदर्शित करते हैं।

कौन इण्टरनेट को चलाता है

इण्टरनेट को चलाने वाले अनेक अधिकारी होते हैं। इसका मुख्य अधिकार इण्टरनेट सोसायटी के साथ होता है। इस संस्था का प्रमुख उद्देश्य अन्तर्राष्ट्रीय स्तर पर सूचनाओं का आदान-प्रदान करना है। दूसरा अधिकारी ग्रुप आई.ए.बी. है। आई.ए.बी. इण्टरनेट के पते प्रदान करता है।

I.E.T.F. (इण्टरनेट इंजीनियरिंग टास्क फोर्स) तकनीकी और चलाने की समस्याओं पर विचार करती है।

इण्टरनेट इस्तेमाल करने के लिए कोई भी व्यक्ति मूल्य नहीं देता है। बल्कि सबके सब कुछ-न-कुछ पे करते हैं।

इण्टरनेट पर कौन-कौन से कार्य किए जा सकते हैं?

निम्नलिखित कार्य इन्टरनेट पर किए जा सकते हैं :

- ❒ इण्टरनेट पर आप अपना कोई अनुसंधान शोध-पत्र छाप सकते हो ताकि यह दूसरे लोगों को प्राप्त हो सके।
- ❒ आप सूचना प्रणालियों का एक कैम्पस पैदा कर सकते हो।
- ❒ इण्टरनेट को आप पढ़ाने के मकसद से प्रयोग कर सकते हो।
- ❒ इण्टरनेट को आप विज्ञापन कार्यों के लिए प्रयोग कर सकते हो।
- ❒ इसे मल्टीमीडिया कॉन्फ्रेंस के लिए प्रयोग कर सकते हो।

- आप इण्टरनेट द्वारा इलेक्ट्रानिक प्रति प्राप्त कर सकते हो।
- इण्टरनेट द्वारा आप अनुसंधान जनरलों और मैग्जीनों की इलेक्ट्रॉनिक कॉपी प्राप्त कर सकते हो।
- इण्टरनेट द्वारा आप सारी दुनिया में लोगों से मिल सकते हो।
- इण्टरनेट द्वारा आप नौकरियों की आवश्यकताओं की सूची प्राप्त कर सकते हो।
- इण्टरनेट द्वारा आप सिनेमा देख सकते हो।
- आप किसी जगह के लिए पल-भर में कोई भी डाक भेज सकते हो।
- आप कोई भी विशिष्ट सूचना प्राप्त कर सकते हो।

इण्टरनेट से सम्पर्क स्थापित करना

आपको इण्टरनेट से सम्पर्क बनाने के लिए किसी मशीन पर कंप्यूटर खाते की आवश्यकता होती है। खाता प्रयोग करने के लिए आपको मशीन का खाते की आवश्यकता होती है। आपको खाता प्रयोग करने के लिए मशीन का सर नेम और पासवर्ड चाहिए। इस प्रक्रम को लोगिंग इन कहते हैं। ये तरीके निम्न प्रकार से हैं :

- टर्मिनल से सम्पर्क बनाना। इस तरीके से सम्पर्क स्थापित करने के लिए आपका कंप्यूटर एक सर्वर की तरह काम करना चाहिए। सूचना स्थानांतरित करने के लिए एक मॉडम की जरूरत होती है। V.S.N.L. इस टाइप के सम्पर्क प्रदान करता है। इस टाइप के सम्पर्कों में किसी इण्टरनेट से सूचना आपकी होस्ट मशीन तक पहुँचेगी।
- व्यक्तिगत कंप्यूटर T.C.P./I.P. द्वारा सम्पर्क। इस टाइप के सम्पर्क में कंप्यूटर एक T.C.P./I.P. होस्ट का काम करता है। आप इस सम्पर्क में आँकड़ों को T.C.P./I.P. इस्तेमाल करके भेज सकते हो।

- T.C.P./I.P. द्वारा आप फाइलों को एक दूर के कंप्यूटर तक स्थानांतरित कर सकते हो। लोगों और संस्थाओं के विषय में सूचनाएँ प्राप्त कर सकते हो। इस कार्य के लिए आज बहुत से साफ्ट वेयर उपलब्ध हैं।
- आप स्थाई सम्पर्क टेलीफोन लाइन द्वारा एक मॉडम प्रयोग करके प्राप्त कर सकते हैं। जब संचार की गति धीमी है, तो मॉडम प्रयोग किया जाता हैं। आजकल हमारे देश में इण्टरनेट सेवाएँ देने वाली संस्था विदेश संचार निगम लिमिटेड (V.S.N.L.) मुख्य है।

इण्टरनेट के टूल और सेवाएँ

इण्टरनेट के कुछ टूल और सेवाएँ हैं, जो कंप्यूटरों से सम्पर्क स्थापित करने के काम आते हैं। मुख्य टूल और सेवाएँ निम्नलिखित हैं—

इलेक्ट्रानिक मेल—किसी भी सूचना को इण्टरनेट द्वारा शीघ्र प्रदान करने के लिए ई-मेल सुविधाएँ प्रयोग की जाती हैं। ई-मेल द्वारा संसार के किसी भी हिस्से से सूचनाओं का आदान-प्रदान कर सकते हो। आप कोई सूचना अपने मित्र को भेज सकते हो या रिसर्च करने वाले व्यक्ति को भेज सकते हो। ई-मेल द्वारा आप अपने किसी दोस्त से सम्पर्क बना सकते हैं।

इण्टरनेट खाते में एक इलैक्ट्रानिक्स मेल बॉक्स होता है। ई-मेल सूचनाएँ आप अपने ई-मेल बॉक्स में चैक कर सकते हो।

आप ई-मेल द्वारा आप अपने लाभ के लिए अनेक लोगों से सम्पर्क स्थापित कर सकते हो। जिनसे आपको सूचनाओं का आदान-प्रदान करना है, उनका पता आपके पास होना चाहिए। ई-मेल बहुत ही सुविधाजनक इलेक्ट्रॉनिक साधन है।

V.S.N.L]. निसनैट, E.R. आदि अत्यंत ही महत्त्वपूर्ण संस्थाएँ हैं।

इलेक्ट्रॉनिक मेल एक ऐसी सेवा है जो लोगों को लोकल एरिया नेटवर्क या भूमण्डलीय इण्टरनेट पर उपलब्ध है। साधारण डाक व्यवस्था की तुलना में

यह अधिक प्रभावशाली है। इसमें डाक चिट्ठी पर कोई स्टाम्प लगाने की जरूरत नहीं होती हैं। ई-मेल में इसको प्राप्त करने के लिए किसी व्यक्ति की आवश्यकता नहीं होती है।

ई-मेल एक ऐसी सुविधा है, जिसमें सूचनाएँ भेजने वाले और प्राप्त करने वाले के पास ही रहती हैं। सूचनाएँ सिर्फ आपको ही दिखाई देंगी।

यदि दो लोगों के खाते एक ही कंप्यूटर पर हैं या दोनों व्यक्ति एक ही सर्वर द्वारा जुड़े हुए हैं। तब सामान्य तौर पर उनके पते में व्यक्ति का प्रथम नाम ही होगा।

जब किसी एक सूचना को एक पता दे दिया जाता है, तो यह वांछित स्थान पर भेजी जा सकती है। इसमें किसी भी पैकेट को वांछित पते पर भेजा जा सकता है।

ई-मेल के अवयव

ई-मेल के बहुत सारे अवयव होते हैं। प्राप्त होने वाला ई-मेल सूचना विण्डों पर प्रदर्शित हो जाता है। ई-मेल के पतों में निम्नलिखित सूचनाएँ होती हैं।

उदाहरण के लिए ये निम्न प्रकार होती हैं :

कोड	अनुप्रयोग	कोड	अनुप्रयोग
* Com	व्यावसायिक संस्था	* mil	सैन्य संस्था
* Net	नेटवर्क संस्था	* Org	ऐसी संस्था जो
* gov	सरकारी संस्था		व्यावसायिक और
* edu	शिक्षा संस्था		शिक्षात्मक संस्था
			नहीं है।

देश	डोमेन नाम	देश	डोमेन नाम
आस्ट्रेलिया	.au	जापान	.jp
चीन	.Cn	यू.के.	.uk
जर्मनी	.de	यू.एस.ए.	.us
भारत			

एफ.टी.पी. और टेलिनेट

एफ.टी.पी. और टेलिनेट इण्टरनेट के दो सामान्य टूल हैं। एफ.टी.पी. (फाइल ट्रांसफर प्रोटोकोल) एफ.टी.पी. द्वारा फाइलों को एक स्थान से दूसरे स्थान तक भेजा जाता है। टेलिनेट आपको दूसरे कंप्यूटरों से सम्पर्क प्रदान करती है।

एफ.टी.पी. द्वारा किसी भी फाइल की प्रतिलिपि को आप एक कंप्यूटर से दूसरे कंप्यूटर तक भेज सकते हो। इसमें कोई भी फाइल, प्रोग्राम, चित्र आदि भेज सकते हो। एफ.टी.पी. सामान्यतः पुस्तकालयों आदि में प्रयोग की जाती है। टेलिनेट द्वारा आप किसी मशीन से जुड़ते हैं। V.S.N.L. का कंप्यूटर एक ऐसा ही कंप्यूटर है। टेलिनेट प्रोग्राम द्वारा आप किसी डेटाबेस पुस्तकालय के सूचना केन्द्रों से जुड़ जाते हो। यह टूल बहुत ही उपयोगी है।

W.W.W. टूल

वर्ल्ड वाइड वैब इण्टरनेट का बहुत ही शक्तिशाली टूल हैं, इसके द्वारा आप बहुत सारी सूचनाएँ पर्दे पर पढ़ सकते हो। W.W.W.का प्रयोग बहुत हो रहा है। इण्टरनेट का साफ्ट वेयर दो प्रकार का होता है। पहला इसमें एक प्रोग्राम की आवश्यकता होती है और दूसरा आप और वैब के बीच में एक इन्टरफेस की आवश्यकता होती है। इन साफ्ट वेयरों की आज बहुत ही आवश्यकता हो गई है।

वैब साइट भी एक इलेक्ट्रॉनिक पुस्तिका होती है। इस प्रकार हम देखते हैं कि इण्टरनेट हमारे लिए अत्यंत ही महत्त्वपूर्ण है।

वर्तमान काल में संप्रेषण के तीन मुख्य साधन हैं–कंप्यूटर, टेलीफोन (दूरसंचार) व टेलीविजन। इन तीनों साधनों का एक साथ उपयोग इण्टरनेट में किया जाता है। इण्टरनेट पर आप अपने कंप्यूटर को टेलीफोन और मोडेम नामक एक उपकरण के साथ जोड़कर विश्व को किसी भी कोने में, इसी प्रकार की सुविधा वाले किसी भी व्यक्ति अथवा संस्थान के साथ संपर्क कर सकते हैं। आप किसी भी पुस्तकालय की पुस्तक पढ़ सकते हैं, अपनी मनपसंद फिल्म देख सकते हैं और किसी भी व्यापारिक संस्थान से संपर्क कर सकते हैं।

3. स्थानीय जालक्रम (LAN)

कंप्यूटर नेटवर्क और स्वायत्त कंप्यूटरों का संकलन है। इन्हें विभिन्न तरीकों से आपस में जोड़ा जा सकता है। 2 कि.मी. की परिधि में अलग-अलग कंप्यूटरों को परस्पर जोड़ने के नेटवर्क को स्थानीय जालक्रम [Local Area Network (LAN)] कहा जाता है। लगभग 40 से 50 कि.मी (सामान्यतः एक नगर या महानगर के भीतर) की परिधि में फैले कंप्यूटर नेटवर्क को महानगर जालक्रम [Wide Area Network (WAN)] कहा जाता है। इण्टरनेट वस्तुतः 160 देशों में फैला बड़ा वैन (WAN) ही है, जो अपने प्रोटोकोल के रूप में TCPèIP का प्रयोग करता है।

सामान्यतः LSMs नेटवर्क पर लैंटास्टिक, बंयान वाइंस, पी सी-टीसीपी, टीपीसी/आइ.पी आदि पर काम करते हैं और MANs (Metropolitan Area Network) फाइबर या उपग्रह लिंक का प्रयोग करते है। इण्टरनेट के प्रत्येक कंप्यूटर को होस्ट कहा जाता है और उसे एक विशिष्ट नाम दिया जाता है। इस विशिष्ट नाम में होस्ट का नाम और प्रयोग क्षेत्र (Domain Name) का उल्लेख होता है। प्रयोग क्षेत्र के भी कई भाग होते हैं, जिनमें होस्ट के संगठन की जानकारी मिलती है।

अमेरिका की एक संस्था एन.आई.सी. द्वारा होस्ट का नामकरण किया जाता है। प्रत्येक कंप्यूटर को विशिष्ट अंकों से पहचाना जाता है, किंतु मनुष्य के लिए शाब्दिक नाम की पहचान ज्यादा आसान है, इसलिए प्रत्येक कंप्यूटर या होस्ट की प्रयोक्ताओं की सुविधा के लिए शाब्दिक नाम से ही पुकारा जाता है।

वस्तुतः आंतरिक प्रोटोकोल एक ऐसी विशिष्ट संस्था है, जिससे इण्टरनेट पर होस्ट को पहचाना जा सकता है।

स्थानीय जालक्रम क्या होता है?

वह तंत्र जो एक कार्यालय के भीतर अथवा अंतर्स्थल जालक्रम (Network) प्राप्त करने के लिए अभिकलित्रों (Computers), शब्द-संसाधित्रों (Word Processor) और मुद्रितों आदि को जोड़ता है वह स्थानीय जालक्रम कहलाता है। (Priers) आदि को जोड़ता है, वह स्थानीय जालक्रम कहलाता है।

स्थानीय जालक्रम व्याख्या

दो या दो से ज्यादा अभिकलित्रों के समूह का एक व्यवस्था से जुड़ना नेटवर्क कहलाता है। स्थानीय जालक्रम का (Network) एक कमरे में, एक इमारत में तथा एक निश्चित क्षेत्र में प्रयोग होता है। स्थानीय जालक्रम आँकड़ों को अंकीय रूप में प्रयोग करने के लिए संचारित करता है (भेजता है)। स्थानीय-जालक्रम आँकड़ों को कोअक्शियल तार (COAXIAL CABLE) और मल्टी स्टैंडर्ड तार (MULTI STANDARD CABLE) के माध्यम से अंकीय रूप (Digital Form) में परिवर्तित करता है। स्थानीय जालक्रम (LAN) दूरस्थ स्थानों के लिए प्रयोग नहीं किया जाता है।

हम इसे इस तरह भी कह सकते हैं कि यह अपने में ही एक दूसरे से बहुत सूक्ष्म तरीके से जुड़ा होता है। इसका उद्देश्य एक कार्य को बाँट कर करने का है जिससे खर्च में बचत होती है। इसमें उच्च गति का मुद्रक और संग्रह क्षमता काफी ज्यादा होती है। यह हार्डडिस्क होती है क्योंकि लैन (LAN) एक केंद्रीय इलेक्ट्रॉनिक फाइल की तरह है और इसमें फाइलें और प्रोग्राम एकत्रित किए जाते हैं।

हालाँकि सामान्य तौर पर लैल के कार्य के लिए यह परिणाम काफी नहीं है। परंतु आज लैन का कार्य क्षेत्र बढ़ गया है। इस संदर्भ में यह परिणाम काफी नहीं है। उदाहरण के लिए यह परिभाषा नेटवर्क के विस्तार को अधिक नहीं दर्शाती है कारण कि व्यापार, मार्केट रिसर्च और अन्य क्षेत्रों में इसका विस्तार

ज्यादा हो रहा हैं। इसलिए इसे स्थानीय जालक्रम का नाम दिया गया है। दूसरे शब्दों में, बहुत से स्थानीय जालक्रम (LAN) हजारों अभिकलित्रों से हजारों वर्ग के क्षेत्र में आपस में जुड़े होते हैं। उदाहरणः संयुक्त राज्य अमेरिका (The United States of America) का Terminal for Tomorrow शिकागो में ओ हरे हवाई अड्डे पर 30,000 से भी ज्यादा अभिकलित्र आपस में LAN द्वारा जुड़े हुए हैं। यह जालक्रम मुख्यतया उद्देश्य और क्षेत्रफल पर भी निर्भर करता है।

स्थानीय जालक्रम (LAN) क्या है?

1 कार्यात्मक (Functional),

2. तकनीकी (Technical)।

1. कार्यात्मक (Functional) LAN–प्रारंभ में यह इस प्रकार परिभाषित किया गया था कि अभिकलित्रों का वह समूह और व्यवस्था (System) जो किसी विशेष कार्य से एक स्थानीय क्षेत्रों में एक दूसरे से जुड़े हुए हैं तथा अपने प्रयोगकर्त्ताओं को एक कार्य की विभाजित करने की आज्ञा देते हैं, जैसे–मुद्रक और संग्रह-क्षमता आदि। यह परिभाषा सभी क्षेत्रों में समान रूप से लागू होती है चाहे वह ऑफिस हो, उद्योग हो, और चाहे अनुसंधान (Research Laboratory)। स्थानीय जालक्रम प्रयोगकर्त्ता को कार्य विभाजित करने की आज्ञा देता है।

2. तकनीकी (Technical) LAN–स्थानीय जालक्रम एक विशेष प्रकार का संचार माध्यम है जो कि अभिकलित्रों को (केवल) तार द्वारा जोड़ता है। आवश्यक संचार व नेटवर्क किसी भी अभिकलित्र से निश्चित किया जा सकता है और सभी आवश्यक संदेश व आँकड़े सुव्यवस्थित ढंग से संचारित किये जा सकते हैं।

स्थानीय जालक्रम का रूप (Feature of LAN)

स्थानीय जालक्रम (LAN) का भविष्य क्या होगा, यह प्रश्न भी अब उभरने लगा है। इसकी अपनी आकृति क्या रहेगी? लैन की आकृति कार्य की

आवश्यकतानुसार होती है। अर्थात् प्रत्येक जालक्रम में प्रयोग के तरीके में भिन्नता मिलती है। इसकी आकृति अलग-अलग क्षेत्र में अलग-अलग होती है।

सीमित क्षेत्र– लैन का एक निश्चित क्षेत्र होता है और निश्चित समूह में एक इमारत में, एक परिसर में और एक कमरे में भी प्रयोग किया जा सकता है। लैन की बनावट मैन [MAN (Metropolitan Area Network)] से मूलभूत रूप से भिन्न होती है और WAN जालक्रम सुदूर संचार सुविधा प्रदान करनेवाला एक जालक्रम जो स्थानीय अथवा मध्य श्रेणी के जालक्रम से भिन्न होता है। यह सभी शहरों, देशों और महाद्वीपों को जोड़ता है। स्थानीय जालक्रम का कार्य और संचार व्यवस्था सभी मैन और वैन से अलग होती है।

एक स्थानीय जालक्रम से सीमित प्रयोगकर्त्ता जुड़ सकते हैं–

यद्यपि कुछ स्थानीय जालक्रमों में सौ प्रयोगकर्त्ता एक स्थानीय जालक्रम से जुड़ सकते हैं। वैसे ज्यादातर 5 प्रयोगकर्त्ता प्रत्येक जालक्रम से जुड़ सकते हैं।

इसकी शुरुआत निजी संगणक और कार्यस्थान से होती है। आकृति और शक्ति की सीमा बहुत होती है लेकिन इसकी रचना मेनफ्रेम और मिली कंप्यूटर के शुरुआती दिनों में देखने को मिलती है। इस तरह के कार्य स्थानों को बेतार टर्मिनल कहा जाता है। ये संगणक स्क्रीन और कुंजीपटल की अपेक्षा छोटे होते हैं तथा दूसरे कंप्यूटरों पर निर्भर रहते हैं। नई तकनीक आने से मूल्यों में कमी हो रही है, जिससे इनका प्रयोग बढ़ता जा रहा है।

स्थानीय जालक्रम में तार (CABLE)

तार (CABLE) का नेटवर्क में काफी महत्त्व है। सभी उपकरण तार द्वारा जुड़े होते हैं।

थोड़ी सी सामान्य Lan Cabelling स्थानीय जालक्रम तार-व्यवस्था आपके लिए और आपके संस्थान के लिए काफी उपयोगी हो सकती है। अनेक प्रयोगकर्त्ताओं को केवल-व्यवस्था की समस्या से भी जूझना पड़ता है। अतः तार व्यवस्था नेटवर्क में महत्त्वपूर्ण भूमिका निभाती है। सर्वाधिक प्रचलित लैन सिर्फ दो प्रकार के हैं।

1. ट्विस्टेड पैयर (Twisted Pair)

2. कोएक्सीयल और कॉक्स (Coxial Coax)

लेकिन कुछ नेवटर्क फाइबर ऑप्टिकल केवल (Fibre Opitcal Cable) का प्रयोग भी करते हैं।

1. ट्विस्टेड पैयर (Twisted Pair)—यह तार तांबे (Copper) की बनी और कीमती होती है और बड़ी ही व्यवस्थित होती है कारण कि इससे बहुत महत्त्वपूर्ण संदेश भेजे जाते हैं। स्थानीय जालक्रम के लिए Teisted Pair की दो प्रजातियाँ (Varieties) हैं :

(i) शील्डिड (Shielded)

(ii) अनशील्डिड (Unshielded)

(i) शील्डिड (Shielded) तार—यह चारों ओर से ढकी होती हैं, इसमें विद्युत प्रवेश नहीं कर सकती और यह Unshielded की अपेक्षा अधिक सुगमता से कार्य करती है।

(ii) अनशील्डिड (Unshielded) तार—यह तार भी अच्छी होती है। इसका बहुतायत और सफलतापूर्वक प्रयोग किया जा रहा है।

2. कोएक्सियल **(coaxial cable)**—इसमें भी एक तार होता है। यह विशेष रूप से बिजली को ग्रहण नहीं करता और इसके ऊपर जाल बिछा होता है। यह तार दूरदर्शन एंटीना तार के जैसा ही होता है। यह आग-प्रतिरोधी और जल-प्रतिरोधी होता है।

बेतार स्थानीय जालक्रम (Wireless Local Area Network)

आजकल बाजार में बेतार नेटवर्क उपलब्ध है। कुछ रेडियो तकनीक पर आधारित हैं और कुछ इंफरा रेड लाईट पर आधारित हैं जो कि अदृश्य रूप में मानव के कार्यो पर आधारित हैं और जिन्हें बड़ी तार लाइनों से नेटवर्क से जोड़ा गया है।

स्टैंडर्ड टोपोलॉजीस (Standard Topologies) –जालक्रम का निम्नलिखित मूल टोपोलॉजियों में वर्गीकरण किया जा सकता है–

1. बस (Bus),

2. स्टार (Star),

3. रिंग (Ring)।

रिंग टोपोलॉजी

1. बस टोपोलॉजी–बस टोपोलॉजी को 'लीनियर बस' (Linear Bus) भी कहा जाता है। इसमें विभिन्न कंप्यूटर एक ही तार द्वारा जुड़े होते हैं। एक कंप्यूटर में त्रुटि आने पर पूरे जालक्रम पर कोई प्रभाव नहीं पड़ता है।

2. स्टार टोपोलॉजी–इसमें विभिन्न कंप्यूटर अलग-अलग तारों द्वारा एक केंद्रीय यंत्र से जुड़े होते हैं, जिसे हब (Hub) कहते हैं।

3. रिंग टोपोलॉजी–इसमें विभिन्न कंप्यूटर एक तारों के क्रम से आपस में जुड़े होते हैं। इसमें एक कंप्यूटर में त्रुटि, समस्त जालक्रम को प्रभावित कर सकती है।

स्थानीय जालक्रम के लाभ–जालक्रम के निम्नलिखित लाभ हैं :

1. कार्य में सहारा और स्टाफ और कंप्यूटर में कार्य का बँटवारा होता है।

2. इसमें बिना केंद्रीय नियंत्रण के समस्याओं को हानि से बचाव का प्रावधान है।

3. कार्य का बँटवारा जैसे विश्लेषण, भार आदि से बचाव भी होता है।

4. आपसी सहायता द्वारा जोखिम से बचाव स्वतः ही होता है।

5. अधिक सुव्यवस्थित संचार-व्यवस्था तथा लागत में बचत भी होती है।

अध्याय 14

वर्ड प्रोसेसर/वर्ड स्टार का परिचय

यह एक ऐसा सिस्टम है जो डॉक्यूमेंट को टाईप करने, बदलने, संचित व प्रिंट करने में मदद करता है। इससे लैटर ड्राफ्टिंग, मेलिंग लिस्ट, रिपोर्ट, बिजनेस के कार्य, शब्दाक्षर, नये वाक्य, ग्रामर संशोधन, पृष्ठ संख्या लगाना आदि कार्य टाईपराइटर से अधिक सरलता, तेजी तथा शुद्धता से किये जाते हैं। इसके द्वारा निम्नलिखित कार्य किये जा सकते हैं–

1. वाक्य डालना या निकालना

इस सिस्टम में वाक्य बीच में आसानी से डाला जा सकता है। शब्दों या वाक्यों के बीच स्थान बनाकर नया वाक्य या शब्द टाईप किया जा सकता है।

2. शब्द समायोजन

आप यदि एक डाक्यूमेंट टाइप कर रहे हैं तो मार्जिन का समायोजन कर देने पर बार-बार Enter Key दबाने की आवश्यकता नहीं पड़ती है। यह स्वयं दूसरी लाईन में ले जायेगा तथा शब्दों को भी व्यवस्थित कर देगा।

3. वाक्यों एवं शब्द समूह को छाँटना

शब्दों या वाक्यों को कॉपी करने तथा एक स्थान से दूसरे स्थान पर ले जाने के लिए वर्ड प्रोसेसर में ब्लॉक्ड टेक्स्ट की सुविधा दी गयी है, जिसे हम कॉपी करने या हटाने के लिए प्रयुक्त कर सकते हैं।

4. शब्दों तथा वाक्यों का 'मूव' (move) द्वारा स्थान परिवर्तित करना

वाक्यों या शब्दों को अपने मूल स्थान (Original Place) से हटकार किसी अन्य स्थान पर लाने का कार्य भी करता है, साथ ही कॉपी भी करता है।

5. शब्दों तथा वाक्यों को कॉपी करना

आप यदि कोई शब्द या वाक्य एक स्थान से दूसरे भाग में कॉपी करना चाहते हैं तो वर्ड स्टार में कॉपी कमाण्ड द्वारा यह सुविधा भी मिलती है।

6. ढूँढ़ना एवं बदलना

डॉक्यूमेंट में से गलत शब्द ढूँढ़कर उसकी स्पेलिंग भी ठीक करने की सुविधा वर्ड प्रोसेसर देता है।

7. डॉक्यूमेंट को चैक करना

अपने बनाये गये डॉक्यूमेंट को चैक करना तथा सुधारना इस प्रोसेसर का मुख्य गुण है :

(क) थीसारस (Thesaurus) द्वारा यह डॉक्यूमेंट में शब्दों के विकल्प या विलोम शब्द बता कर आपकी मदद करता है।

(ख) वह ग्रामर चैक द्वारा व्याकरण संबंधी गलतियाँ ठीक कर सकता है।

(ग) स्पैल चैक द्वारा स्पेलिंग की गलतियाँ ढूँढ़ने में मदद करता है।

8. कैरेक्टर फॉरमेटिंग तथा स्टाइल मेकिंग

इस प्रोसेसर द्वारा शब्दों का डिजाईन, स्टाइल तथा साइज बदला जा सकता है।

साईज	:	10 गुणा	स्टाइल	: बोल्ड
		20 गुणा		इटैलिक
		50 गुण		बोल्ड इटैलिक
				अंडर लाइन

पृष्ठ को फॉरमेट कर सकता है

शीर्षक, फुटनोट तथा पृष्ठ संख्या सभी डॉक्यूमेंट को अपने आप डाल देता है।

9. हाशिया व कॉलम सेट करना

इसमें डॉक्यूमेंट का हाशिया (Margin) बढ़ाया व कम किया जा सकता है। वर्ड प्रोसेसिंग के कुछ प्रोग्रामों में तो डॉक्यूमेंट को कॉलम में भी विभाजित किया जा सकता है।

10. टेक्स्ट का जस्टीफिकेशन

अपने द्वारा टाइप डॉक्यूमेंट को बाएँ, दाएँ, बीच में या पूरी तरह समायोजित किया जा सकता है।

11. लाइन स्पेसिंग

यह प्रोसेसर वाक्यों के बीच में खाली लाइन डालने देता है, जिसे हम लाइन स्पेसिंग कहते हैं। इससे डॉक्यूमेंट को सुंदर तथा साफ बनाया जा सकता हैं।

12. टैब सेटिंग

टैब सेटिंग द्वारा डॉक्यूमेंट के कॉलम बनाये जा सकते हैं।

चूँकि वर्ड स्टार में अनेक फीचर्स होते हैं और उन्हें जबानी याद रखना कठिन होता है, अतः इसके सभी कमाण्ड मेंयूज (Menus) में व्यवस्थित किये गये हैं, जो संबंधित जानकारी के लिए स्क्रीन पर लाया जा सकता है तथा उसी में दी गयी कमाण्ड के अनुसार काम किया जा सकता है।

वर्ड स्टार मेन्यूज

उच्च स्तर के मेन्यू--आरंभ करने वाला मेन्यू

वर्ड स्टार (Word Star)

फाईन	अदर	एडीशनल	ओपनिंग
(File)	(Other)	(Additional)	(Opening)

उपर्युक्त विकल्पों में अपनी इच्छानुसार चुनाव किया जा सकता है। फाइल के लिए F दबायें। 'एफ' दबाने पर (File Sub Menu) फाइल सब मेन्यू खुल जाता है। यह फाइलों को खोलने, संपादन करने, प्रिंटिंग, ड्राइव या डायरेक्टरी बदलने के विकल्प प्रदान करता है। फाइल मेन्यू खुल जाने पर जिस कार्य को करना हो उसी विकल्प को हाइलाइटेड बार (Highlighted bar) लाकर Enter Key दबायें। फाइल खोलने के लिए D दबायें।

संपादन स्तर के मेन्यू (Menus of Editing)

जो कमाण्ड संपादन करने के लिए चाहिए, उन्हें मेन्यूस के रूप में स्क्रीन पर देखा जा सकता है। सब उपलब्ध मेन्यूस को स्क्रीन पर लाये जाने के लिए कुछ निश्चित कमाण्ड दी जाती हैं, वे निम्नलिखित हैं–

^K Block & Save Menu

^K C:LETTER P1 L1 C1
Block & Save Menu

^0 — स्क्रीन पर आकार देने वाला मेन्यू
(ON SCREEN Format Menu)

^P — प्रिंट नियंत्रक मेन्यू (Print Control Menu)

ESC — शार्टहैंड मेन्यू (Shorhand menu)

^Q — क्विक मेन्यू (Quick Menu)

वर्ड स्टार कैसे आरंभ करें?

निम्न कमाण्ड देकर डायरेक्टरी को बदलें :

C:/>CD WS

(यह संकेत एंटर की दबाने का है)

स्क्रीन पर आयेगा

C:/>WS> इस चिह्न के आगे टाइप करें :

C:/WS>WS

वर्डस्टार क्रिया-शील होगा तथा स्क्रीन पर निम्न चित्र दिखाई पड़ेगा।

वर्ड स्टार से बाहर आना (Moving out of Word Star)

1. फाइल आइटम चुनने के लिए F दबायें।

2. वर्ड स्टार से बाहर आने के लिए X दबायें।

आवश्यक कमाण्ड्स–

FL	— डायरेक्टरी बदलना
FD	— डाक्यूमेंट फाइल खोलना
^Q	— बिना सेव (Save) किये फाइल बंद करना
^KS or F9	— सेव करना तथा दुबारा प्राप्त करना
^KD or F10	— सेव करना तथा बाहर आना
FP	— प्रिंट करना
FX	— वर्डस्टार से बाहर आना

वर्ड स्टार में संपादन एवं मुद्रण कमाण्ड

अपने द्वारा तैयार डॉक्यूमेंट में यदि कुछ परिवर्तन करना चाहें तो निम्नलिखित कमाण्ड दें :

1. ओपनिंग मेन्यू (Opening Menu) में फाइल का विकल्प चुनने के लिए F दबायें।

2. डॉक्यूमेंट खोलने के लिए (Open the document file) विकल्प चुनने के लिए D दबायें।

3. अपनी फाइल का नाम मान लीजिये और फिर टाइप करें तथा Enter दबायें।

स्क्रीन पर जो पंक्ति आयेगी, उसको इस प्रकार समझें—

C: Letter	—	Letter नाम की फाइल खुल गयी है और अब उसका संपादन किया जा सकता है।
P1, L1, C1,	—	पृष्ठ, पंक्ति, कॉलम की संख्या के अनुसार कर्सर की स्थिति
OO"	—	यह संख्या दर्शाती है कि कर्सर स्क्रीन के बाएँ छोर से कितनी दूरी पर स्थित है।
Insert	—	अर्थात् इंसर्ट मोड (Insert mode) चालू है तथा आप अब शब्द तथा वाक्य Insert कर सकते हैं। इंसर्ट की (Insert Key) दबाने पर इंसर्ट शब्द गायब हो जायेगा तथा ओवर राइट मोड (Over Write Mode) आ जायेगा। अब आप जो टाइप करेंगे वही कर्सर की मौजूदा स्थिति के ऊपर टाइप हो जायेगा।
Align	—	अर्थात् प्रत्येक नया पैराग्राफ स्क्रीन पर एक ही जगह से आरंभ होगा।
Rgt Just	—	अर्थात् राईट जस्टीफाई (Right Justify)। इसके द्वारा स्क्रीन पर डॉक्यूमेंट की सामग्री दाईं ओर एक लाइन में नजर आयेगी।

कर्सर का प्रयोग (Moving the Cursor)

किसी डॉक्यूमेंट में आँकड़े प्रविष्ट करने के लिए लगातार किये जाने वाले परिवर्तनों के लिए कर्सर को विभिन्न जगहों पर ले जाने के लिए निम्नलिखित कीज़ (Keys) का प्रयोग करें :

'की' (Key Name)	'की' का नाम (Key Name)	क्या होता है (What happens)
लेफ्ट ऐरो (What happens)	(बायाँ तीर)	कर्सर को एक अक्षर बाईं ओर ले जाती है। यदि कर्सर किसी पंक्ति के शुरू में है तो पिछली पंक्ति के अंत में चला जाता है।
राइट ऐरो (Right arrow)	(दायाँ तीर)	कर्सर को एक अक्षर दाईं ओर ले जाती है। यदि कर्सर किसी पंक्ति के अंत में है, तो यह अगली पंक्ति के शुरू में चला जाएगा।
^	कंट्रोल लेफ्ट ऐरा या ^A	यह कर्सर को शब्द के पहले अक्षर से बाईं ओर ले जाएगी।
^	कंट्रोल राइट ऐरो या ^F	यह कर्सर को शब्द के पहले अक्षर दाईं ओर ले जाएगी।
^QR	^QR या ^Home	कर्सर दस्तावेज की पहली पंक्ति के पहले अक्षर पर चला जाएगा। अर्थात् फाइल के शुरू में।
^QC	^QR या ^End	कर्सर फाइल के अंत में चला जाएगा।
^QD	^QD	कर्सर फाइल के पंक्ति में चला जाएगा।
^QS	^QS	यह कर्सर को पंक्ति के शुरू में ले जाएगी।
↑	ऊपर को तीर (Uparrow)	कर्सर को पूर्व पंक्ति में ले जाएगी।

'की' (Key Name)	'की' का नाम (Key Name)	क्या होता है (What happens)
↓	नीचे को तीर (Down arrow)	अगली पंक्ति पर।
PgDn	PgDn or ^C	20 पंक्तियाँ नीचे।
PgUp	PgUp or ^R	20 पंक्तियाँ ऊपर।
Home	Home or ^QX	स्क्रीन की पहली पंक्ति तथा पहले कॉलम पर।
END	END or ^QX	स्क्रीन पर अंतिम पंक्ति की पहली स्थिति पर।
^W	^W	यह स्क्रीन पर दिखने वाली पंक्ति को एक पंक्ति ऊपर कर देगी तथा नीचे एक नई पंक्ति दिखने लगेगी। कर्सर की स्थिति तभी बदलेगी जब यह सबसे नीचे वाली पंक्ति पर होगा।
^Z	^Z	यह स्क्रीन पर प्रदर्शित दस्तावेज को एक पंक्ति नीचे कर देती है। कर्सर की स्थिति तभी बदलेगी जब यह सबसे ऊपर की पंक्ति पर होगा।

नोट : ये सभी 'कीज' (Keys) वर्डस्टार–4 में भी यही काम करेंगी।

विलोपन (Deletion) – विलोपन के लिए –

बैक स्पेस (Backspace) – कर्सर के बाएँ वाला अक्षर विलुप्त होगा

डेल या ^ जी (Del or ^G)	— कर्सर की स्थिति वाला अक्षर विलुप्त होगा
^टी (सीटीआरएलटी) (^T[ctr1T])	— कर्सर की स्थिति से शब्द के अंत तक के सभी अक्षर विलुप्त
^वाई (^Y[ctr1Y])	— कर्सर की स्थिति वाली पूरी लाइन विलुप्त (इसी लाइन को, जिसे आपने रद्द किया है ^u दबाकर पुनः स्थापित किया जा सकता है।)
^क्यू वाई (^QY[ctrl QY])	— कर्सर की स्थिति से लाईन के अंत तक के सभी अक्षर विलुप्त
^क्यूडीईएल (^QDEL [Ctrl QDel])	— कर्सर की स्थिति से लाइन के शुरू तक के सभी अक्षर डिलीट होंगे।

फाइल प्रिंट करना (Printing the file)

1. पहले प्रिंटर चालू करें।
2. 'एफ' दबाकर विकल्प चुनें।
3. 'पी' दबाकर विकल्प चुनें।

अब सभी सूचनाएँ भरें :

File	— Letter
Page Number	— A (Means All)
AllèEvenèOdd pages	— A
Printer name	— LaserèDot Matrix etc.
Pause Between pages	— N (No)

Use form feeds	—	N (No)
Nondocument	—	N (NO)
Number of copies	—	1
Redirect output to port	—	or ^K

डॉक्यूमेंट फॉरमेट करना (Formatting the Document)

1. ^Q (Control O) दबाने पर ऑन स्क्रीन फॉरमेट मेन्यू (On Screen Format Menu) दिखाई देगा।

2. L दबाकर बायाँ हाशिया (Left margins) चुनें।

3. प्रॉम्प्ट पर left margin के सामने .5" या 0.5 प्रविष्ट करें। Right margin पर 5.5" या 5.5 प्रविष्ट करें। ऐसा करने से मार्जिन 55वें कॉलम के लिए स्थिर हो जायेगा।

4. ^O दबाने के पश्चात् R दबाने पर राईट मार्जिन (Right Margin) व्यवस्थित करें।

5. सेट लाइन स्पेसिंग (Set Line Spacing) विकल्प चुनने के लिए S दबाएँ। लाइन स्पेसिंग प्राम्प्ट (Line spacing prompt) पर 2 टाईप करने से डबल स्पेसिंग की जा सकती है।

6. ^के (K) दबा कर प्रविष्टि समाप्त हो जायेगी।

लाइन के बीच में लाना (Centering)

1. कर्सर को शब्द या पंक्ति के शुरू में लायें और ^PS दबायें। स्क्रीन पर आयेगा—^एस (S) (Word or line to be Underlined)

जब प्रिंट लेंगे तब यह शब्द या पंक्ति रेखांकित हो जायेगी। जो क्रिया है उसे समाप्त करने के लिए रेखांकित किए जाने वाले शब्द के पहले अक्षर पर लायें तथा Bacdspace Key दबायें। ^S गायब हो जायेगा।

बोल्ड (Bold) करने के लिए

1. कर्सर को शब्द के पहले अक्षर पर ले जायें तथा ^पी बी (^PB) दबायें। फिर अंतिम अक्षर पर ले जायें तथा ^PB दबाएँ। अब ^PBके बीच का शब्द अथवा वाक्य बोल्ड हो जायेगा।

2. समाप्त करने (Undoing) के लिए Backspace Key का इस्तेमाल करें।

इटैलिक्स (Italics) करने के लिए

1. कर्सर को इटैलिक्स किये जाने वाले शब्द के पहले अक्षर पर लायें, फिर ^पी वाई (^PY) दबायें। अंतिम अक्षर पर ले जा कर भी ^PY दबाएँ। प्रिंट में यह इटैलिक्स होगा।

2. किये हुए कार्य को मिटाने के लिए (Undo) के लिए बैकस्पेस की का प्रयोग करें।

विशेष तरीकों से कैरेक्टर प्रविष्टि के लिए (Superscript and Underscript)

एच^2 ओ (H^2O) में अंक 2 छोटा है तथा अन्य कैरेक्टर की तुलना में नीचे है। इसे ही अंडरस्क्रिप्ट (Underscript) या सबस्क्रिप्ट (Superscript) कहते हैं।

Superscript के लिए

aX^2 के लिए–ax टाईप करें तथा ^PT दबायें। अंक 2 दबायें और फिर ^PT दबायें। प्रविष्टि ऐसे होगी–

a^X^T2T – प्रिंट aX^2 में आयेगा।

Underscript के लिए

H^2O के लिए –Htype करने के बाद ^PV दबायें। फिर 2 को प्रविष्टि

करके ^PV दबायें, फिर O टाईप करें। अब स्क्रीन पर आयेगा--H^V2^VO, प्रिंट होने पर H^2O होगा।

टैब सेटिंग (Tab setting)

संपादन की फाइल खुलने पर

'L..................↓..............↓.................↓ आता है।

'↓' इस द्वारा चिह्नित कॉलम को टैब स्टॉप कहते हैं अर्थात् टैब की (Tab Key) दबाने पर कर्सर अगले '↓' चिह्न पर आ जायेगा। इस चिह्न की दूरी कम या ज्यादा करने के लिए अर्थात् नया टेब सेट करने के लिए ^OI का प्रयोग करें।

डाक्यूमेंट का संपादन (Editing the Document)

ब्लाक्स बनाना (To Make Blocks)—किसी शब्द या वाक्य का ब्लाक बनाने के लिए शब्द के पहले अक्षर पर लाकर ^KB दबायें तथा अंतिम अक्षर पर ले जाकर ^KK दबाकर ब्लाक बनाया जा सकता है।

ब्लॉक की कापी करना (Copying a Block of Lines)—कर्सर के शब्द या पंक्ति के पहले अक्षर पर ले जायें फिर ^KB दबायें। अंत में ले जाकर फिर ^KK दबायें। ^KB से ^Kk तक के शब्द या वाक्य हाईलाइट (Highlight) हो जायेंगे।

अब कर्सर को उस स्थान ले जायें जहाँ कॉपी करना चाहते हैं, वहाँ ^KC दबायें। शब्द या पंक्तियाँ उसी जगह कॉपी हो जायेंगी।

पंक्तियों या ब्लॉक को डिलीट करना (Deleting the Block)—^Ky दबाकर ब्लॉक की पंक्ति डीलीट की जा सकती हैं।

वर्डस्टार में काम करते समय स्क्रीन पर आने वाले मेन्यू इस प्रकार हैं—

1. The Opening Menu
2. Edit Menu
3. Block & Save Menu

4. On Screen Format Menu

5. Print Control Menu

6. Short hand Menu—Document खोलकर ESC दबाकर खोला जा सकता है।

7. Quick Menu

8. On Screen Format Menu.

वर्डस्टार पर मेल मर्ज प्रिंटिंग–

'F' दबाकर ओपनिंग मेन्यू खोलिए। 'N' दबाकर (Non-document) नान-डाक्यूमेंट विकल्प चुनें। फाइल का नाम टाइप करके दवायें।

नान-डाक्यूमेट फाइल में रूलर पंक्तियाँ नहीं होतीं तथा विभिन्न फील्ड (Field) में बाँटकर एक रिकार्ड एक फील्ड में भरा जा सकता है। जैसे–

	Record
Field	Data
Name	Suresh
Adderss 1	Cè18, Anand Bhavan
Adderss 2	Kamla Nagar
City	Delhi
Pincode	110007

सुरेश के बारे में हर जानकारी एक डाटा फील्ड में है। हर रिकार्ड को ',' कोमा लगाकर तथा रिकार्ड को Enter करके अलग-अलग किया जाता है।

प्रत्येक ',' के बाद खाली स्थान नहीं छोड़ना है।

सुरेश से संबंधित आँकड़े इस प्रकार आयेंगे–

Suresh, C-18, Anand Bhavan, Kamla Nagar. Delhi, 110007

इस प्रकार आप मेल मर्ज बनाकर सभी पतों को अपने कंप्यूटर में रख सकते हैं तथा उन्हें प्रिंटर में डाल सकते हैं।

अध्याय 15

कंप्यूटरों का भविष्य

अब तो मनुष्य द्वारा सुपर कंप्यूटरों का विकास भी कर लिया गया है। इस कंप्यूटर की स्मृति में 64 बिट के 25.6 करोड़ गणनाएँ संचित की जा सकती हैं। यह एक सेकण्ड में 25 करोड़ गणनाएँ कर सकता है। ऐसे कंप्यूटर बनाने के बाद आज मनुष्य कृत्रिम बुद्धिमत्ता से युक्त कंप्यूटर विकसित करने में लगा हुआ है। इन कंप्यूटरों में स्वयं ही सोचने की शक्ति होगी तथा यह अपने आप ही निर्णय ले सकेंगे।

अतिचालकता को प्रयोग में लाकर वैज्ञानिक बहुत तेज स्विचिंग प्रक्रम विकसित करने में लगे हुए हैं। ये स्विचिंग प्रक्रम काफी छोटे होंगे तथा हमारे मस्तिष्क की तंत्रिकाओं की तरह बहुत तीव्र हो जाएँगे।

यह हो सकता है कि सिलिकॉन चिप का आकार एक बिन्दु के बराबर हो जाए। ऐसे चिप में दस लाख घटक होंगे। इन चिपों के प्रयोग से विशाल स्मृति के कंप्यूटर बनाने की सम्भावना है। ये भी संभव हो सकता है कि सिलिकॉन चिप की जगह कार्बनिक पदार्थों की परतें प्रयोग होने लगे। इन परतों से कंप्यूटरों का आकार भी छोटा हो जाएगा और उनकी क्षमता भी बढ़ जाएगी।

आज के वैज्ञानिक प्रकाशीय कंप्यूटर बनाने में लगे हुए हैं। इन कंप्यूटरों में एक सेकण्ड में खरबों गणनाएँ की जा सकेंगी। इन कंप्यूटरों के लिए प्रकाशीय स्विच प्रयोग में लाए जाएँगे। ट्रांजिस्टर की जगह इसमें प्रकाशीय

घटक प्रयोग किए जाएँगे। इन घटकों की अपनी अलग विशेषताएँ होंगी।

भविष्य के इन कंप्यूटरों से मानव के सामने एक नई क्रांति जन्म लेगी। कंप्यूटरों की जगह यंत्र मानव प्रयोग होने लगेंगे।

आज का मानव विभिन्न प्रकार के रोबोट उद्योगों, बिजलीघरों और अंतरिक्ष कार्यों में प्रयोग कर रहा है। आने वाले वर्षों में रोबोट में कृत्रिम त्वचा आँख, नाक, कान और बोलने वाले अंग होंगे। ये रोबोट ठण्डे और गर्म किसी भी वातावरण में, जहाँ मनुष्य काम नहीं कर पाता, कर सकेंगे। इन रोबोटों पर विषैले वातावरण का भी कोई असर नहीं पड़ेगा।

निकट भविष्य में कंप्यूटरों की मदद से दूर संचार के क्षेत्र में अनेक क्रांतियाँ आएँगी। ऐसा हो सकता है कि हमें अपने पत्र भेजने के लिए डाकघरों और डाकियों की जरूरत न पड़े बल्कि कंप्यूटरों की सहायता से ई-मेल द्वारा हम अपने पत्र भेजने लगें। आज भी ई-मेल का उपयोग काफी ज्यादा हो रहा हैं। हो सकता है कि ई-मेल का प्रयोग इससे भी ज्यादा होने लगे।

किसी बैठक या संगोष्ठी में भाग लेने के लिए हमें निकट भविष्य में घर या दफ्तर छोड़ने की जरूरत नहीं होगी बल्कि हम अपने कंप्यूटर टर्मिनल पर बैठे-बैठे किसी भी बैठक या संगोष्ठी में भाग ले पाएँगे। कुछ देशों में कंप्यूटर कान्फ्रेंसिंग की सुविधाएँ आज भी उपलब्ध हैं। हो सकता है कि निकट भविष्य में समाचार-पत्रों को हम अपने घर में लगे टेलीविजन का बटन दबाकर टी.वी. के पर्दे पर पढ़ने लगें। यह भी हो सकता है कि हमारे बिजली, पानी और टेलीफोन के बिल टी.वी. का बदन दबाते ही उसके पर्दे पर प्रदर्शित हो जाएँ और दूसरा बटन दबाते ही हमारे कंप्यूटर के बैंक खाते से इन बिलों का भुगतान हो जाए।

इसमें शक नहीं है कि कंप्यूटर से हमारी स्मृति और मांसपेशियों का बोझ कम हो जाएगा। पठन-पाठन की अनेक समस्याएँ कंप्यूटर सुलझा देंगे। रक्षा उपकरणों का नियंत्रण कंप्यूटरों द्वारा होने लगेगा। हो सकता है कि माइक्रो कंप्यूटर नियंत्रित कारें बन जाए¡ । अस्पतालों में डाक्टरों की जगह कंप्यूटर काम करने लगेंगे।

कार्यालय में सूचनाओं के संचय का फाइलों में ढेर लगाना बंद हो जाएगा और उनकी जगह सभी सूचनाएँ कंप्यूटरों में एकत्रित होने लगेंगी। किसी भी सूचना को प्राप्त करने के लिए फाइलों को देर नहीं खोजना पड़ेगा, बल्कि कंप्यूटर का बटन दबाकर कोई भी सूचना प्राप्त की जा सकेंगी। आने वाले वर्षों में अत्यधिक शक्तिशाली कंप्यूटर हमारी समस्याओं का समाधान करने लगेंगे। छोटे रूप में हम यह कह सकते हैं कि आने वाले वर्षों में कंप्यूटर मनुष्य के कार्य का बोझ कम कर देगा। यह भी हो सकता है कि कंप्यूटरों के अत्यधिक उपयोग से चारों ओर बेरोजगारी फैल जाए। कंप्यूटर नियंत्रित अस्त्र-शस्त्रों के प्रयोग में थोड़ी-सी असावधानी के कारण मानव सभ्यता का विनाश हो सकता है। यह केवल आने वाला समय ही बताएगा कि कंप्यूटर हमें किस ओर ले जाएँगे।

अध्याय 16

भारत में कंप्यूटर

हमारा देश भारत एक विशाल देश है, जहाँ पर अब कंप्यूटरों का राज्य हो रहा है। आरंभ के पन्द्रह वर्षों में कंप्यूटर के क्षेत्र में आई.बी.एम. छाया हुआ था। हमारे देश में कंप्यूटरों का प्रयोग बहुत ही सीमित था। जो भी लोग कंप्यूटर प्रयोग करते थे, वे या तो आई.बी.एम. के बने होते थे या आई.सी.एल. के।

हमारे देश में सन् 1970 के दशक में कंप्यूटर के क्षेत्र में एक क्रांति आई। यहाँ से आई.बी.एम. का राज्य समाप्त हो गया और सन् 1980 के दशक में देश में माइक्रो कंप्यूटर संगठित होने लगे। आज भारत विदेशों से कंप्यूटरों के हिस्से आयात करके उनसे कंप्यूटर निर्मित करने में दुनिया का एक जाना-माना देश बन गया है। सन् 1978 से 1984 तक के काल को भारत में कंप्यूटर युग के विकास का स्वर्ण-युग कहा जा सकता है। सन् 1982-83 में देश में करीब एक अरब रुपये का कंप्यूटर घटकों का आयात किया गया था। सन् 1986-87 में यही आयात बढ़कर 347 करोड़ रुपये हो गया। आज कंप्यूटर निर्माण के लिए कई अरब रुपये का आयात होता हैं। देश में कंप्यूटर सॉफ्टवेयर में क्रांतिकारी कार्य किए जा रहे हैं। माइक्रो कंप्यूटरों का काम निजी क्षेत्र में चला गया है, जबकि बड़े कंप्यूटरों का काम सरकार के हाथों में है।

आज देश में सुपर कंप्यूटरों का भी विकास हो रहा है। अनेक औद्योगिक संस्थान कंप्यूटर प्रणालियों के विकास में लगे हुए हैं। इन संस्थानों में मुख्यतः इंडियन इंस्टीट्यूट ऑफ साइन्स, बंगलौर; टाटा इंस्टीट्यूट ऑफ फण्डामेंटल

रिसर्च, मुम्बई; नेशनल वैमानिकी लिमिटेड, इंडियन स्पेस रिसर्च आर्गेनाइजेशन, भाभा परमाणु अनुसंधान केन्द्र, बम्बई और देश के पाँच प्रौद्योगिकी संस्थान कंप्यूटर क्षेत्र में कार्य कर रहे हैं। ये सभी संस्थान मिलकर सुपर कंप्यूटरों के लिए जानकारी तैयार करेंगे। इन सभी संस्थानों में कंप्यूटर अनुसंधान के लिए पर्याप्त सुविधाएँ उपलब्ध हैं।

भारत कंप्यूटर उद्योग के क्षेत्र में विकसित देशों से काफी पीछे है परंतु फिर भी कंप्यूटर के क्षेत्र में हार्डवेयर आयात में हम किसी से पीछे नहीं हैं। देश में सन् 1980 तक कंप्यूटरों की संख्या 1000 थी। ये सभी कंप्यूटर विदेशों से खरीदे गए थे। आज 50 से भी अधिक निर्माता पर्सनल कंप्यूटरों का सामान विदेशों से मँगाकर देश में कंप्यूटरों की आवश्यकता पूरी कर रहे हैं। ये निर्माता देश में कंप्यूटरों के योगदान में लगे हुए हैं।

आज हमारा देश सॉफ्टवेयर विकास में बहुत आगे हैं। भारत में ऐसी अनेक कम्पनियाँ हैं, जो साफ्ट वेयर विकास का कार्य कर रही हैं। इन कम्पनियों का स्तर अन्तर्राष्ट्रीय कम्पनियों से कम नहीं है। वैसे तो कंप्यूटर संगठित करने वाली अनेक कम्पनियाँ हैं, लेकिन कुछ के नामों के विषय में जानना अति आवश्यक है।

देश में कंप्यूटर निर्माण का कार्य करने वाली कम्पनियाँ हैं—डी.सी.एम. डाटा प्रोडक्ट्स, हिन्दुस्तान कंप्यूटर लिमिटेड, हिंडीट्रान मिनिकाम्प, विप्रो इनफारमेंशन टेकनोलोजी लिमिटेड आदि। कंप्यूटरों से संबंधित कई पत्रिकाएँ भी देश में निकल रही हैं। इनमें से मुख्य पत्रिकाएँ हैं—डाटा क्वेस्ट, कम्प्यूटर्स टुडे, बिजिनेस कंप्यूटर आदि। कंप्यूटर से संबंधित किताबों की तो देश में बाढ़ आ गई है।

सॉफ्ट वेयर बेचने वाली कम्पनियों में मुख्यतः साफ्टटैक टाटा कन्सलटेंसी सर्विसिज, टाटा बरोज लिमिटेड, विप्रो सिस्टम्स लिमिटेड, कंप्यूटर प्वाइंट इनसाफ्ट आदि मुख्य हैं। ये कम्पनियाँ वर्ड प्रोसेसिंग, बिक्री विश्लेषण व्यापार आदि से संबंधित साफ्टवेयर बेचती हैं। इन कम्पनियों में कैड कैम के साफ्टवेयर भी उपलब्ध हैं। कंप्यूटर प्रशिक्षण से संबंधित भी देश में अनेक संस्थान हैं, जहाँ सभी वर्ग के, सभी उम्र के लोग कंप्यूटर प्रशिक्षण प्राप्त करने जाते हैं।

भारत सरकार ने कंप्यूटर के निर्माण और प्रयोगों को विशेष बढ़ावा दिया है। कंप्यूटरों को ठीक करने के लिए अनेक संस्थान देश में कार्य कर रहे हैं। अमरीका के सहयोग से देश में एक सरकारी कम्पनी सिलिकॉन चिप बनाने का कार्य कर रही है। डी.सी.एम. ने कई भाषाओं वाला वर्ड प्रोसेसर विकसित कर लिया है, जो देश के अनेक संस्थानों में प्रयोग किया जा रहा है।

दूर-संचार के क्षेत्र में कंप्यूटर नेटवर्कों की संख्या काफी बढ़ गई है। इन नेटवर्कों से इण्टरनेट और ई-मेल सुविधाएँ बहुत अधिक उपलब्ध हैं। सूक्ष्म तरंगों द्वारा उपग्रह संचार प्रणालियों में कंप्यूटरों का प्रयोग दिन-प्रतिदिन बढ़ता जा रहा है। फैक्स प्रणालियों में भी कंप्यूटरों का प्रयोग दिन-प्रतिदिन बढ़ता जा रहा है।

सन् 1981 से एयर इण्डिया कंप्यूटर नेटवर्क को संचार साधनों के रूप में प्रयोग कर रही है। एयर इण्डिया का कंप्यूटर नेटवर्क विदेश के साठ शहरों और देश के पन्द्रह शहरों के बीच में फैला हुआ है। टेलीफोन एक्सचेंजों में भी कंप्यूटरों का प्रयोग दिन-प्रतिदिन बढ़ता जा रहा है।

पिछले 25 वर्षों में देश में कंप्यूटरों के प्रयोग को विशेष बढ़ावा मिला है। राष्ट्रीय योजनाएँ बनाने, विशाल भवनों और बाँधों के निर्माण के लिए कंप्यूटरों का प्रयोग दिन-प्रतिदिन बढ़ता जा रहा है। कृषि के क्षेत्र में आँकड़ों के विश्लेषण के लिए कंप्यूटर अधिक-से-अधिक प्रयोग किए जा रहे हैं। कृषि के क्षेत्र में आँकड़ों के विश्लेषण के लिए कंप्यूटरों का प्रयोग बहुत बढ़ गया है। देश का मौसम विभाग मौसम की भविष्यवाणी करने के लिए सुपर कंप्यूटर प्रयोग कर रहा है। रेलगाड़ी और हवाई जहाजों के टिकटों के आरक्षण में कंप्यूटर प्रयोग किए जा रहे हैं।

भारत सरकार के सागर विभाग के दो जलयान सागर सम्पदा और सागर कन्या समुद्रों के रहस्यों के अंध्ययन के लिए कंप्यूटरों का प्रयोग कर रहे हैं। इन कंप्यूटरों की सहायता से अनेक रहस्यों का पता लगाया जा रहा है। जलयानों में कंप्यूटर प्रयोग हो रहे हैं। सोनार प्रणालियों में कंप्यूटरों का प्रयोग बढ़ गया है। कंप्यूटरों की सहायता से सागरों में मछलियों के भण्डारों और तेल के भण्डारों का पता लगाया जा रहा है। समुद्री मौसम की जानकारी के लिए भी कंप्यूटरों का प्रयोग बढ़ता जा रहा है।

कंप्यूटरों ने भारतीय भाषाओं के विकास में बहुत बड़ा सहयोग दिया है। देश में आज देवनागरी लिपि और तमिल भाषा के लिए साफ्ट वेयर उपलब्ध हैं। और भी प्रांतीय भाषाओं के लिए साफ्ट वेयर उपलब्ध हैं। इनकी सहायता से किसी भी भाषा को टाइप करना बहुत आसान हो गया है। वर्ड प्रोसेसर से टाइप किए गए शब्द बहुत सुन्दर लगते हैं। ऐपल मैकनीतोस द्वारा अंग्रेजी, मराठी, संस्कृत और हिन्दी भाषाओं की छपाई का काम बड़ी तीव्रता और सफाई के साथ हो जाता है।

बाम्बे हाई क्षेत्र में देश का ऑयल और नेचुरल गैस कमीशन संचार कार्यों के लिए कंप्यूटर युक्त प्रणालियाँ प्रयोग कर रहा है। जिस यान द्वारा अनुसंधान कार्य किए जा रहे हैं उसका सम्बन्ध कंप्यूटर और दूरसंचार उपग्रहों द्वारा बम्बई शहर से बना रहता है। वैज्ञानिक ऐसे साधन विकसित करने में लगे हुए हैं, जिनकी सहायता से समुद्री किनारों के साथ संबंध स्थापित करना आसान हो जाएगा।

ग्राफिक्स कार्डों का प्रयोग दिन-प्रतिदिन बढ़ता जा रहा है। आज अनेक प्रकार के सी.डी. डिस्क देश में प्रयोग होने लगे हैं।

देश की अनेक कम्पनियाँ जैसे, ब्लू स्टार, गोदरेज, हिंडीट्रान, एक्सिल, आई.डी.एम. इन्टरफेस इलेक्ट्रानिक्स, ओ.एम.सी., ओ.जी.आर., एन.रे, टाटा यूनिसिस, जीनिथ, विप्रो, विजनलैग आदि अनेक प्रकार के साफ्ट वेयर बेचने में लगी हुई हैं। इनके साफ्ट वेयर देश-विदेश सभी जगह बहुत उपयोगी सिद्ध हुए हैं। देश के अनेक निजी और सरकारी संस्थान इन साफ्टवेयरों को अपने कार्यों में प्रयोग कर रहे हैं।

कंप्यूटरों का प्रयोग दिन-प्रतिदिन बैंकों में बढ़ता जा रहा है। अब बैंकों के खातों की एंट्री पासबुकों में न होकर कंप्यूटरों में होती है। कंप्यूटर ही आपके खाते का लेखा-जोखा रखता है और कंप्यूटर ही आपके खाते में जमा की गई और निकाली गई रकम का स्टेटमेंट देता है।

अनुसंधान प्रयोगशालाओं में कंप्यूटरों का प्रयोग दिन-प्रतिदिन बढ़ता जा रहा है। इण्टरनेट और ई-मेल द्वारा सारी दुनिया छोटी होती जा रही है। वह दिन दूर नहीं जब कंप्यूटर हमारे देश में और भी अधिक उपयोगी हो जाएँगे।

❑❑❑